非典型

三國

魏得勝 著

自序

整個夏天，窗外的雲總是不肯散去。也不知植物是怎麼想的，反正我不樂見這壓抑的低空，它總令人慵懶倦怠。當一線藍天撕開烏雲時，我竟有些按捺不住的衝動，想到姿三四郎要滿頭大汗的去幹活，想到讀書，想到爬山，想到咖啡，想到品茶，想到美酒，甚至想到給剛剛殺青的書寫個序。思維之活躍，簡直美不勝收。晴天真好。

我很少給自己的書寫序，這次卻充滿主動性。為那久違了的藍天？不好說。總之，動筆了。那麼，又何為序呢？以我的理解，書的內容，是與讀者間接對話，而序就是直接對話。

借助這序，我要說點什麼呢？自然與三國有關。二〇〇七年夏，新浪的編輯邀我開博，我欣然接受。這期間，我正在寫《歷史深處話名著》一書，其中〈三國：內戰的

一次盛宴〉一節已完稿，隨手便貼到我的新浪博客上。近十萬的點擊量，令我意外。這畢竟不是娛樂或什麼熱點，三國題材，足夠老了，為何還有那麼多的關注率，再一個意外，就是潮水般的謾罵與人身攻擊。這是繼我的《央視十批判書》（真名網二〇〇四年）之後，遭受最猛烈的一次人身攻擊。那時，我缺乏足夠的思想準備，去做一個被批評者、被攻擊者，忙不迭的刪去那些刺耳的留言。回想九年前之所為，自嘲缺乏大度。所以，現在無論是怎樣的批評，我都會坦然以對。正如恩斯特・凱西爾（Ernst Cassirer）所說：「為了歡享真正的自由，我們就必須努力打破把我們與外部世界聯結起來的鎖鏈。」這樣的嘗試，帶給我更多的思想樂趣。

這篇序，我能說的，大約就這麼多。

魏得勝

二〇一六年中秋，於翠湖西畔

目次

目次

第一章 印跡

圖片來源：維基百科／作者：玖巧仔

涼州
酒泉
張掖
匈
奴
羌
氐
西平
金城
安定
司隸
新平
北地
隴西
廣魏
五丈原
長安
弘農
天水
雍州
武都
興勢
陰平
漢中
魏興
新城
梓潼
巴西
汶山
成都
東廣漢
宕渠
巴東
宜都
漢嘉
犍爲
巴
涪陵
南廣
越巂
益州
朱提
牂柯
永昌
雲南
建寧
興古

不老的三國

我的童年，是在頑皮中度過的。大約，也總在晚飯時段，惹我的父親生氣。父親氣不過，不免一番追打。我早有防禦，撒腿直奔生產隊部。

依稀記得，隊部院門前，有口古老的水井。相傳，諸葛孔明當年在此佈局迷魂陣，不知處於什麼原因，造四十八座廟，配四十八口井（這叫有廟必有井）。迷魂陣東西方向，橫貫黃河古道邊的臨邑與陵縣兩縣，綿延數十公里，一溜十八寨，相傳亦為孔明軍事遺產。十八寨中，洪寨、張寨、董寨、孟寨、鄭寨等等，以行政村或自然村為單位，保留至今。

當下我要說的隊部院門前的那口水井，是迷魂陣中諸多水井之一，那上面鎮一尊巨大的石龜。文革初期，石龜的頭，斬於毛澤東「破四舊、立四新」的號令之下，早不知去向。石龜身長，兩米有餘，在它的背脊正中，有個八十公分左右見方的石鑿坑。推想開來，那上面曾巨柱穹頂。在石龜的左右兩側，各有一個三十公分見方的石鑿袋，我們孩子家稱之為石龜的錢袋（這真是個有意思的猜測）。晚飯後，村裡的男人們，往往在此拉呱。這是土話，拉呱就是講故事的意思。

我真喜歡那些坐在古井旁拉呱的男人們，見我急切的向他們跑去，個個一臉壞笑：「這小子又闖禍了。」必定有一人，把我攬在懷裡護著，免遭我父親的懲罰。父親見狀，每每笑著，撒手作罷。見父親離去，男人們複又圍坐，講他們永遠也講不完的三國。當然，他們也時常穿插一些小道消息，諸如許世友的輕功、林立果選妃子、江青愛看美國電影、王洪文的魚竿是美國進口的等等（幾十年後，我從事歷史研究，發現當年這些諱莫如深的所謂小道消息，基本都是真的）。

水井旁的男人們講故事的方式非常奇特，沒有誰可以一以貫之，也就是沒有所謂的主講人，而是討論式的，你一言，我一語，最終拼湊成一個完整的故事，是以完成文化與見解的傳播。這不同於古希臘時期小亞細亞西岸的抽水機旁，那裡的知識傳播，則由米利都的教授們來完成。

最是記得，那些男人們，在講到劉備時，眉飛色舞，說劉備帶著隊伍，怎樣從村裡通過。說著說著，胳膊一揮，手指向西：「那劉備，帶著隊伍，嘩嘩嘩，往平原，當他的縣太爺去了。」給人的感覺，劉備的隊伍剛走似的，彷彿還能聞到戰馬身上的汗味，彷彿戰馬撩起的塵土，依舊縈繞在鼻翼之間，把人刺激的，總想打噴嚏。這是男人們講三國時的精神狀態，則我們孩子家，往往一臉茫然，總無法把那些紛紛擾擾的人和事，拼接成一個完整的記憶。成人後，讀到蘇軾的《志林》，又總覺得，我的孩提時代，遠不如宋朝的兒童聰慧。《志林》上說：

> 塗巷中小兒薄劣，其家所厭苦，輒與錢，令聚坐聽說古話。至說三國事，聞劉玄德敗，輒蹙眉，有出涕者；聞曹操挫敗，即喜，唱快。以是知君子小人之澤，百世不斬。

你看看人家宋朝的孩子，聽三國，明是非，若說劉備敗了，那個急，雙眉緊鎖，乃至痛哭流涕：「老天爺呀，這可怎麼辦呀！」是所謂，聽古書，掉眼淚，替古人擔憂。

若說曹操敗了，那個喜，跟過年似的：「謝天謝地，曹操可敗了！」

恕我學淺，老以為只有我所處的時代、我所處的政治環境，最善於意識形態的操弄，豈不知，早在宋朝，中國人就已經會玩這套拙劣的政治小把戲了。時人李杞，寫過一本書，叫做《改修三國志》，以蜀為主，魏、吳為次。也就是說，至少在宋朝，意識領域，就已經給三國人物打上黑白分明的標籤，喏，那曹操，你以後就是壞人的範本了；那劉備，你以後就是好人的典範了；那諸葛孔明，你以後就是智慧的化身了；那關羽，你以後就是忠義之神了……以現代的眼光去觀察，宋朝形成的這些意識形態，無疑是對中國文化的極大戕害。

上之片言，乃由蘇軾引出的題外話。回到我自己的三國情節上來。老實說，對於古井旁那些男人口中的三國故事，我真的不曾有過深刻的印象。我也實在的愚鈍。直到高中時期，我才讀到紙本的《三國志通俗演義》（以下簡稱《三國演義》）。去圖書室借書時，心情是那麼的迫切；等把書借到手品讀，已完全不是我童年時所烙印的那個樣子。於是，棄讀。成年後從軍，入職政治機關，事文，兼職圖書管理。那時再讀《三國演義》，便津津有味了。我也實在沒有想到，幾十年後的今天，竟有了書寫三國的打

算。這使我想起拙著《歷史深處話名著》中的一段文字：

《歷史的點與線》出版後，有讀者問我，說你這本書，從盤古開天到清朝結束，寫了數千年的中國史，為什麼三國那段重要的歷史，到你筆下，僅十幾個字就一筆帶過了呢？我答曰，說三國那段歷史重要，是傳統觀點。我的看法是：一，漢尾（即魏晉南北朝）近四百年，三國僅占六十年；就時間構成而言，不足道也。二、三國史乃中國的內戰史，裡面充滿了陰謀與詭詐；以我的脾性，對窩裡鬥厭之有餘。所以，我很少寫和三國有關的文章。即便是今後寫起這方面的文章來，恐怕也只有批評的視角。

現在看來，我品評三國的文字，算是有續篇了。初衷不改的是，本書惟有批評。

歷史的塗層

在中國的歷史上，有太多的三國並立，唯獨東漢末年的這個三國深入人心。倘若歸功於人，自然非《三國演義》的作者羅貫中莫屬了。因為是歷史小說的緣故，三國故事才源遠流長，進而形成一種三國文化，融入到中國人的生活中。本書的切入點，既以人文為中心，展開討論。則歷史，僅為本書的一個輔助部分。

下面，我想借此先談一談歷史與文化的關係。假如把歷史比作一塊碑石，那麼文化則是碑石上的塗層。歷史的塗層有多種，一種塗層可以讓我們把歷史看得更清晰，這就像傳統照相技術裡的顯影，漸次露出廬山真面目；一種塗層是為我所用的塗脂抹粉；一種塗層是為我所棄所忌的掩蓋。但無論是哪一種塗層，只要經過沉澱並固化於人的頭腦之中，那既是歷史碑石的一部分。《三國演義》作為歷史小說，事實上已把一些虛構幻

化為歷史。久而久之，讀者便以為那是歷史，任你糾正，都無濟於事。這時，就出現了歷史文化。《三國演義》所帶給我們的，就是這樣一種文化體驗。但我又不得不說，這種體驗摻雜了太多的思想糾纏，哪是真？哪是假？哪是歷史？哪是小說？哪隻手在牽引我們的思維？他們為什麼強迫我們愛他所愛、恨他所恨？為什麼不把三國的歷史人物交給後人交給讀者去判斷？這一系列的問號，使我決心先弄明白這其中的原委，否則，是很難把本書寫下去的。

從哪兒開始呢？自然先從《三國演義》的作者羅貫中說起。關於羅貫中，說法很多，也向無定論。既然文化界無法給出一個確切的結論，我們只能認定，這羅貫中便是《三國演義》的作者。那麼，羅貫中是如何來界定三國人物及其事件的呢？我的判斷是，他基本尊重了歷史事實，所謂「七分事實，三分虛構」的結論，大致不錯。

研究發現，羅貫中基本持以中立，他在寫作中，並不以自己的好惡為立場，而是以歷史為立場。中外歷史上，偉大的作家，莫不如此。令人遺憾的是，清朝的毛綸、毛宗崗父子，橫插一杠，徹底改變了羅貫中的創作初衷。這爺兒倆，盡情按照自己的好惡，大肆修改羅貫中的《三國演義》，從而形成「尊劉抑曹」這麼一個格局，並為自清代以來的讀者，所廣泛認可。毛氏父子給《三國演義》上的這道塗層，刀刮刃剜，不能剔除，畢竟它久已入住中國人的靈魂深處。

《三國演義》在羅貫中與毛氏父子筆下，究竟有什麼不同呢？下面略做對比。以曹操為例，羅貫中是既有批判，也有讚美。毛氏父子正相反，把羅貫中讚美曹操的，儘量刪除；把羅貫中批判曹操的，照單全收。如〈劉玄德斬寇立功〉一節，羅貫中與毛氏父子分別是這樣寫的：

> 為首閃出一個好英雄，身長七尺，細眼長髯，膽量過人，機謀出眾，笑齊桓、晉文無匡扶之才，論趙高、王莽少縱橫之策，用兵彷彿孫吳，胸內熟諳韜略。（羅貫中）

> 為首閃出一將，身長七尺，細眼長髯。（毛綸、毛宗崗）

又如〈關雲長千里獨行〉一節，羅貫中不僅援引他人（裴松之、宋賢）的話力贊曹

操，還以作家的身分，出現在小說中，贊那曹操：

此言曹公平生好處，為不殺玄德，不追關公也，因此可見得曹操有寬仁大德之心，可作中原之主。

這段話，到毛氏父子那裡，被砍了個乾乾淨淨。再如〈曹操烏巢燒糧草〉一節，羅貫中寫曹操把其部下私通袁紹的書信統統燒毀，並引史官之詩加以讚美：「盡把私書火內焚，寬洪大度播恩深。曹公原有高光志，贏得山河付子孫。」羅貫中附以評論：「此言曹公能撈籠天下之人，因而得天下也。」對此，毛氏父子則一概刪除。嘿，這對父子，何以仇曹恨曹到如此地步？相反的倒是那羅貫中，不僅讚賞曹操，還讚賞曹操的曾祖；不僅讚賞曹操的曾祖，還虛構一些曹操的美德。羅氏是這樣讚賞曹操曾祖父的：「曾祖曹節，仁慈寬厚。有鄰人失去一豬，與節家豬相類，登門認之，節不與爭，使驅之去。後二日，失去之豬自歸，主人大慚，送還節，再拜伏罪。節笑而納之。其人寬厚如此。」又是這般虛構曹操之德的，如破下邳，曹操「差人入城，不許劫掠良民」；如擒陳宮，曹操命人「即送公台老母妻子回許都吾府中恩養，怠慢者斬」。這些美言曹操的地方，當然不能為毛氏父子所接受，照刪不誤。

與曹操形成強烈對比的是劉備，羅貫中既寫他的長處，也寫他的短處。毛氏父子不這樣，他們對於劉備採取的態度是，留其長，去其短。〈雲長延津誅文醜〉一節，關羽斬文醜後，袁紹欲殺劉備，劉備狡辯自解，羅貫中評論道：「此是玄德極梟雄處。」這一句，毛氏父子給刪了。〈劉玄德敗走夏口〉一節，羅貫中引裴松之的評論，暗責劉備：「即使對桃園結義的關羽，也沒有忘記耍弄權術。」這一描述，毛氏父子也給刪了。

回頭一看，毛綸、毛宗崗父子給《三國演義》的塗層好厚呀。也難怪在中國的文化史上，形成「尊劉抑曹」的既定模式。既然歷史文化影響著人們的價值觀，乃至影響著人們的生活方式、行為方式，我們何不就此入手，去批判歷史文化的糟粕處呢？至於歷史的真偽，交給考證家好了。這是本書以人文批判為主旨的一個基本動因。

撬動帝國的巫醫

在單口相聲大師劉寶瑞的段子裡，時聞一句「瞧這倒楣催的」。什麼意思呢？就是世間倒楣的事，都讓一個人趕上了。這就是中國人常說的，屋漏偏遭連夜雨。用在東漢末年靈帝劉宏身上，他也的確是倒楣催的。如《三國演義》開篇即云：

建寧二年四月十五日，帝會群臣於溫德殿中。方欲升座，殿角狂風大作。見一條青蛇，從梁上飛下來，約二十餘丈長，蟠於椅上。靈帝驚倒，武士急慌救出；文武互相推擁，倒於丹墀者無數。須臾不見。片時大雷大雨，降以冰雹，到半夜方住，東都城中壞卻房屋數千餘間。建寧四年二月，洛陽地震，省垣皆倒，海水泛溢，登、萊、沂、密盡被大浪卷掃居民入海，遂改年熹平。自此邊界時有反者。

熹平五年，改為光和，雌雞化雄。六月朔，黑氣十餘丈，飛入溫德殿中；秋七月，有虹見於玉堂；五原山岸，盡皆崩裂。種種不祥，非止一端。（〈祭天地桃園結義〉）

羅貫中羅列一大堆文字，無非為最後一句點題：「種種不祥，非止一端。」這叫一個倒楣催的！其實，比劉宏皇帝更加倒楣的，是他的兩個兒子，即劉辯、劉協二帝。關於這兩個倒楣催的，我們將放在第三章〈刀刃上的皇室〉來說。這裡暫且放下，不提。我們當下要說的，是這「種種不祥」之一的黃巾之亂。那麼，誰又是黃巾之亂的主謀呢？他就是巨鹿郡的巫醫張角。巨鹿郡在今天的什麼地方呢？大約為河北省的平鄉縣。

需要說明，巫醫這個頭銜，是我送給張角的。歷史上，並沒有人這麼稱呼他。詞典中的巫醫是這樣解釋的：「古代指巫師和醫生。後指用占卜、祈禱、驅邪等迷信手段或兼用一些草藥為人消災治病的人。」

一八四年，正好是中國人迷信的甲子年，一般認為年景不好，要出什麼大事。張角就在這一年的某一天，到山裡去採藥，說遇到一個什麼老人。你看過香港導演早年拍的

那些武林爛片嗎？裡面總有個碧眼童顏、手執藜杖的白髮老怪物，瘋瘋癲癲的。張角所遇到的，大約就是這麼一類人物，也不知怎麼，就看中了張角，把他叫到自己居住的山洞裡，送了三卷書給他。那書的名字叫做《太平要術》，裡面的內容，無非咒符之類，諸如「代天宣化，普救世人；若萌異心，必獲惡報」等等。張角很是感激，就問老人家姓甚名誰。老人家並不謙虛，說「我乃南華老仙」。說完，化陣清風，不見了。

張角採藥遇仙的故事，當然是他編了騙人來上當的。他繼續的編瞎話，說得了那書，不分白天黑夜的練習，你猜怎麼著？他竟然得道了，什麼呼風喚雨，什麼散符施水，什麼驅邪除病。你就說你需要什麼吧？那個技術落後、精神愚昧的時代，人們最大的需求就是驅邪除病。你不是需要這個嗎？好呀，張角能給你解決。張角識文斷字，他除了會編故事，還會給自己包裝，自為「太平道人」。接下來，就組織了一幫子人，給他到處宣揚，說太平道人醫術如何了得。張角的兩個弟弟張梁張寶，給他做貼身的助理，賣力的擴大行醫組織。成卷的符，滿缸的水，據說都是張角點化過的（有點類似佛家的開光），叫規模龐大的醫療隊背著抬著，到處去驅邪降魔。村裡老鬧鬼？貼符灑水，好了；你老鬧病？貼符灑水，好了。也正好趕上這年疫毒流行，人們病急亂投醫，張角可巧就來了，一傳十十傳百，請符救病者，絡繹不絕。你的病沒有被治好，說明你這個人幹了見不得人的事；你的病趕巧好了，說明他張角的醫術厲害。張角是這麼暗示於人的，病人們也是這麼情願配合的。你想啊，誰會承認自己幹了見不得人的歹事呢？病沒好，也得趕緊說好了。這之下，哪有治不好的病人。張角名聲在外，各地信徒紛至沓來，拜師為徒。張角很快便收徒五百餘人，雲遊四方救病。沒多久，張角的徒弟，遍及青、徐、幽、冀、荊、揚、兗、豫八州之多。這時的張角，從「太平道人」，演變為「大賢良師」。八州人民，家家戶戶，把那張角的大名，請先生寫了，懸掛於中堂，就如毛澤東時代的中國，家家戶戶掛毛主席畫像一樣。

我對中醫的所有成見，往往就來自這裡，什麼老道仙人，什麼呼風喚雨，什麼靈符符水，處處體現鬼神之道。後來，江湖郎中，又編造什麼祖傳秘方行騙，甚至一些現代中藥企業，打著「國家保密秘方」的旗號，公然行騙。那些偏僻小巷裡的中醫診所裡，掛滿騙人的錦旗（無非患者感謝神醫之類），形如寺廟那些「有求必應」的紅幅或旗標。在這二者之間，我往往分不清，誰是誰。

這也是我對中醫缺乏信任感的緣由之一。一千八百多年後的今天，中醫們依舊充滿

神祕色彩，抓個藥，也得給你辯證一番。治病無關哲學，你辯個什麼證呀。可有人就信這一套，漸漸地，中醫便遊走於神、道、儒、鬼、仙、騙之間，或者他們就是這些東西的集合體。病急亂投醫者，往往暈頭昏腦，稀裡糊塗，被唯利是圖的中醫牽著鼻子走。張角就靠中醫的精神騙術，集十萬愚民（同時也是病人）於旗下，跟他走上反政府的道路。東漢政府好嗎？不好！張角好嗎？也不好。都不好怎麼辦？總得選一個自認為最不壞的吧。十萬病人的選擇，當然是他們的「大賢良師」張角張醫師。二十世紀末，李洪志複製了張角的道路，令執政的江澤民頗為緊張，嚴重的對立，已不可避免，李洪志逃往美國。

李洪志跑了，王林又來了。王林不同於張角，也不同於李洪志，前面二人，從基層入手，王林起點很高，他從政要與名人入手，結果也變得大為不同。我們隨便點幾個人的名字吧，與王林有過往的政商界大佬名流如李瑞環、賈慶林、吳官正、劉志軍、錢其琛、曾蔭權、馬雲；演藝界如成龍、李連杰、王菲、李雙江、王祖賢、趙薇、李冰冰、周迅、李丹陽、陳紅等等。

不僅好奇，氣場如此之好，這王林到底是怎樣的一個人呢？資料顯示，這個江西人，發跡於二十世紀九十年代，那時的中國，氣功正熱。熱到什麼程度呢？你一定知道科學家錢學森吧？這人都正經八百而荒唐透頂地參與進去了。一九八六年，在氣功熱的推動下，中國人體科學研究會宣告成立，錢學森任名譽理事長。所謂「人體科學」，不過是防人閒話的招牌罷了，瓶子裡裝的，實際還是「氣功學」。而這個以巫術為宗旨的所謂人體科學研究會，竟由張震寰將軍任理事長。之後的一九八八年，更成立了世界醫學氣功學會，由當時的衛生部部長崔月犁親任會長。官方高調推波助瀾，氣功遂成為中國的超級大熱門，於是乎，營造了一群以氣功為主業的超級騙子。而王林就是其一，他也由此發跡。其看家本領是：空盆來蛇、輕功懸空提水、空杯來酒、紙灰復原、凌空題辭等。說穿了，王林的這些小把戲小騙術，不過是一些拙劣的小魔術罷了。

王林成名後，逐漸與眾多官員、明星、企業家交往，擴大自己的影響力。感興趣的讀者，可以到搜尋引擎上去搜索此人，諸如他給外國元首治病、給女明星身體開光、與政要合影等等，唾手可得。王林曾私下說，一些女明星事業低迷，婚姻不順，婚後不孕，孩子患病等，都主動找他指點化解，他還在床上給幾十個女星開過光，而拜他為乾

爹的女明星至少有十個，其中包括天后歌后影后主持人及眾多乾女兒。他甚至為其中的幾位女明星點讚，說誰誰床上功夫了得。

一個巫醫怎麼成了佛家人，竟然給人開起光來了？真咄咄怪事。開光的時候，王林嘴裡念念有詞，諸如「空杯來酒」，有人悄悄把二兩燒酒遞給他，他小飲一口，噴至女星丹田以下。隨後，王林會問：需要我體內的真氣功力嗎？若需要，則與女影星女歌手乾女兒之類上床共歡；如某一女子難為情，王林則在她的身上畫幾道大吉大利之符了事。當然，還要叮囑那些愚昧透頂的女戲子，七七四十九天後，方可洗去吉符。

戲子愚昧無知，高官難道就精明嗎？如鐵道部部長劉志軍，竟然寄託於王林給他弄的一塊石頭，王林的說法是，這塊靠山石，「保你一輩子不倒」。結果呢？大家都看到了，劉志軍鋃鐺入獄。

巫醫王林最終還是栽了，官方列舉他七宗罪：非法行醫、重婚、詐騙、偷稅、行賄、賭博及非法持有槍枝。我並不看重王林的這些罪名，重要的是，為何會有那麼多的政要、戲子（這些人往往被美其名曰：社會精英），被一個混混騙得團團轉。東漢末年的十常侍（負責詔令傳達及公文管理，但職權上相當於現在的政治局常委），最終不也拜倒在巫醫張角腳下了嗎？坐在顯赫位置上的人，有錢的人，並不代表他們在智商上高於他人，只能證明這些人的命運與機緣好於他人。至少，在專制社會是這樣的。從張角到王林，說明中國從不缺乏巫醫，也從不缺乏樂於或善於拜倒在他們腳下的蠢貨。中國有時語，說騙子不夠用，即指蠢貨太多。與其如此，張角與王林們，才越千年而不衰。

以上都是張角引出的題外話，言歸正傳吧。張角有了錢，有了信眾這支隊伍，開始把手伸向政壇，結交十常侍，干預朝政。這何嘗不是十常侍的心思？他們欲借張角，對抗政敵何進。張角不是巫醫嗎？哪有這政治資本？問題是，他有十萬乃至幾十萬的信眾呀，這資本了得。張角要起事，一聲號令，信徒瞬間變為鬥士。真可謂，藏軍於民。新專制主義者之所以遏制民眾信仰自由，其根本原因也正在這裡。

看出來了吧，這其實就是何進與十常侍的鬥爭。下面，我們把何進與十常侍之間的關係，略做交代。先說何進，他的同父異母妹妹是當今聖上劉宏的正房，也就是皇后。何進自己是大將軍，位高權重。我們讀中國歷史，最糾纏不清的，就是那些令人眼花繚亂的頭銜。以何進的大將軍一職為例，這到底是怎樣的一個職位呢？西漢的時候，霍光以大司馬（丞相）之職，兼領大將軍之銜。換句話說，霍光是軍政大權，集於一身。到

了何進為大將軍時，此一職已統攝軍政，三公即太尉（軍事）、司徒（行政）、司空（工程）亦在其腳下。三公那是什麼職位？皇帝的三大國務助理呀，品級至高無上（到曹操為丞相時，廢三公）。順便說一下袁紹，這可是當時了不起的領袖級人物，怎麼樣呢？他尚且為何進附庸！

三公在何進腳下，領袖級人物為其附庸。由此可見，何進實為他那個政治時段的帝國一把手。照說，何進該事事順心了。可何進不這麼認為，妹夫劉宏，並不把何家人當回事，而是心儀身邊的大太監。史載，劉宏寵信的大太監有十三人，羅貫中在《三國演義》裡，湊了個整數，說是十大太監，也就是十常侍。東漢中央政府裡的這十個超級太監分別是：張讓、趙忠、封諝、段珪、曹節、侯覽、蹇碩、程曠、夏惲、郭勝。羅貫中說：「這十人執掌朝綱，自此天下桃李，皆出於十常侍門下。」什麼意思？就是中央政府各部門的頭頭，以及各地政府大大小小的頭頭，都是經十大太監提拔起來的人。

劉宏皇帝一般性的寵寵大太監倒也罷了，他寵得離譜，寵得離經叛道。他自己就親口跟人說：「張常侍是我爹，趙常侍是我娘。」十常侍中，張讓與趙忠，可謂是靈魂人物。劉宏皇帝，如此比喻這二人，何進聽了，那個窩心。因此，他在妹妹面前不免妄議一番：「什麼話？太監都給聖上當爹當娘了，這不自我作踐嗎？倘非這些閹人給聖上灌迷魂湯，也絕非如此不倫。這幫閹人，勢必除之而後快。」何皇后立即喝止：「這還了得！再不可生此想法，是要滅門的！」何進瞪大眼睛：「他們敢？！」何皇后軟語相勸道：「在這京城，咱們何家本是沒有什麼根基的，多虧這些內侍照應，才有今天。人不可忘本啊。」

何進知道妹妹不配合，悻悻而去，但他始終如鯁在喉。其實，那十常侍也看不順何進，視為眼中釘，肉中刺，彼此見了，仇人似的，可誰也不能怎麼誰。一句話，都有背景，都有來頭，於是形成一段時期的僵局。當張角做大後，十常侍想到借刀殺人，於是內外勾結，決定幹掉何氏集團。不料，張角內部有人告密，東窗事發，劉宏怪罪下來，斥責十常侍等人。十常侍說，這事可不賴我們，是誰誰主謀的。十常侍提到的那兩個人，也是大太監，已亡，死無對證。劉宏皇帝也無心糾纏孰是孰非，滅黃巾為要。十常侍反戈一擊，站到張角的對立面。結局是，張角病死，幾十萬人的黃巾陸續被滅，或被驅散。但何進與十常侍的矛盾並沒有完結，反而到了決一死戰的地步。

權有餘而智不足的何進，先是被十常侍斬殺。緊接著，十常侍又被何進的部從吳

匡，以及追隨者曹操、袁紹（這二人時為軍隊領導人）等入宮，殺了個乾乾淨淨。羅貫中如此敘述這段歷史：

宮中火焰沖天。紹閉上宮門，號令軍士但見閹官，無問大小，盡皆殺之。宮中殺盡，分投來殺十常侍家屬，不分男女，盡皆誅絕，流血滿地，何止二三萬人，多有無須者誤被殺戮。（〈董卓議立陳留王〉）

屠宮的情形，何其慘烈！

張角的起事，何進與十常侍的火拼，給袁紹、袁術、曹操以崛起的機會，更給掌握兵權的野心家董卓之流以機會。而《三國演義》中惟一被正面書寫的人物劉備、張飛、關雲長等，正是借助反黃巾行動，而一步步向歷史走來。有時就會想，若無張角，何以有劉備；若無劉備，何以有三國；若無三國，何以有魏晉南北朝……這麼一推理，張角之所為，何止撬動東漢帝國的大廈，他或為中國歷史的一個改寫者。

第一章　印跡

第二章
不齒的楷模

圖片來源：維基百科／作者：玖巧仔

涼州
酒泉
張掖
西
匈奴
羌
氐
西平
金城
狄道
安定
新平
北地
左馮翊
司隸
隴西
南安
廣魏
五丈原
長安
弘農
雍州
天水
右扶風
武都
興勢
陰平
漢中
魏興
新城
梓潼
汶山
巴西
巴東
成都
東廣漢
宕渠
宜都
漢嘉
犍為
巴
涪陵
南廣
越巂
益州
荊
朱提
牂柯
永昌
雲南
建寧
興古
鬱林

劉備不仁

這個玄孫有點玄

在本章，我寫了五個令人不齒的楷模，分別是劉備、關羽、孔明、曹操、呂布。下面先說劉備，羅貫中這樣給他開臉：

那人平生不甚樂讀書，喜犬馬，愛音樂，美衣服；少言語，禮下於人，喜怒不形於色，好交遊天下豪傑，素有大志。生得身長七尺五寸，兩耳垂肩，雙手過膝，目能自顧其耳，面如冠玉，唇若塗朱。中山靖王劉勝之後，漢景帝閣下玄孫，姓

劉名備，字玄德。（〈祭天地桃園結義〉）

開頭第一句，「那人平生不甚樂讀書，喜犬馬。」咦，這不是蘭陵笑笑生給西門慶的開臉嗎？說那西門慶：「這人不甚讀書，終日閒遊浪蕩。」這感覺，劉備與西門慶，一路人似的。再一句，說劉備生得「兩耳垂肩，雙手過膝」，這分明是長臂猿嘛。最後一句是頂重要的，說劉備是漢景帝劉啟的玄孫。可是我們發現，劉備的頂頭上司，根本就不買他這個賬。

我們先來看劉備初入公職的一段記載。劉備到任未及四個月，趕上督郵大人下來視察工作。這督郵是怎樣的一個角色呢？我們只能說個大概，約相當於郡守（地方行政長官）的助理吧。新的郡守上任，找一個親信做督郵，代為處理一些公務。督郵到了下一級的縣政府，代表郡守，視察那裡的政教及司法等工作。郡下轄的各縣領導，見督郵如見郡守本人，接風洗塵，推杯換盞，奉迎趨顏，絲毫不敢怠慢。如此炙手可熱的督郵，自然不會把劉備這小小的角色放在眼裡。

督郵到了，縣長帶著手下的官員出廓迎接，劉備在列。那督郵坐在馬上，盛氣凌

人，頤指氣使，拿鞭子指指這個，點點那個，拿腔作勢，哼哈傲人。劉備什麼反應，書中未及。總之，他心有不快，那是肯定的。他不是皇室後裔嗎？哪裡就能吃這鳥氣。可話又說回來，縣長大人都點頭哈腰，恭維那督郵，他個小小縣尉，又能怎麼？再說了，他劉備不是新來的嗎？更得察言觀色，低眉順眼了。

到得縣政府招待所（館驛），督郵正面高坐，縣裡的官員們，個個如孫子，立於階下，靜候督郵訓話。督郵扯著官腔問縣長，今年收成怎麼樣呀？賦稅增長幾何？縣裡的治安還好吧？黃巾賊在縣裡是否清剿乾淨？等等。縣長不敢怠慢，把縣裡的工作，一一做了彙報。最後，那督郵才注意到劉縣尉。這時的縣政府官員們，已在階下站了兩個時辰，都有些累、有些倦了。但還得強打精神，洗耳恭聽督郵那些不鹹不淡的場面話。督郵問道：「劉縣尉是何根腳呀？」意思是，你可否有來頭？有背景？我們可以把督郵的話理解為率直，也可以理解為挑釁。劉備答道：「我乃中山靖王之後，自涿郡圍剿黃巾以來，參加的戰爭，大大小小三十多場。」

今天的行政機關有句話，叫做胸有城府。如說哪個人老道，就說某某城府很深。城府深的人，或者有背景的人，通常不會外露自己的根腳。而缺乏背景、缺乏根腳的人，往往總是喜歡向人顯擺他有什麼關係，就是人們通常所說的，誰誰上面有人。我們常常會遇到這樣的小人物，口無遮攔的大肆吹噓自己的什麼親戚在什麼政府裡，有時笑笑而過，有時也會在心裡暗之譏諷一番：「俗話說，朝中有人好做官，你既然有那麼硬的上層關係，何以屈居基層，做個默默無聞的小人物呢？」其實，這是人的共性，也是人性弱點，自我吹噓的人，無非不想讓人小瞧他。除外，恐怕也沒有多大的奢望。估計，這類人也有不起什麼奢望。劉備也這毛病，愛吹噓。

督郵一聽，不高興了，咦，竟有人膽敢跑到咱這裡來充大個蘿蔔，遂大喝一聲：「你這廝詐稱皇親，虛報功績！當下朝廷下令，正要問責你這等濫官汙吏！」劉備著實嚇了一跳，其他縣官，也都側目，鄙夷這詐稱皇室後裔的人。劉備趕緊把頭低下：「豈敢豈敢。」督郵怒道：「都散了吧！」一場小型的工作會議，就這麼黯然收場。回縣衙的路上，縣長叱責劉備：「一個剛參加工作的人，說話也不小心點，什麼你就皇親國戚了？這豈是鬧著玩的？今天你自稱是漢室苗裔，過兩天……」縣長指指身旁的一個官吏接著說：「他還說他是玉皇大帝的苗裔來。也不怕風大扇著舌頭！」說得劉備，頭也抬不起。

回到縣衙，一個同事見劉備悶悶不樂，便替他釋懷，說：「剛才在路上，縣太爺的話是重了些，但也並非沒有道理。不過呢？那督郵拿你出氣，無非向你這新來的索要賄賂罷了。督郵上回來視察的時候，我等都向他老人家表示過了。這眼色你都看不出來，今後如何在官場混。」劉備道：「我與民秋毫無犯，那得財物與他？」劉備的意思很直白，侵犯老百姓才有錢花，也才可以賄賂上司，也才可以步步高升。這是普世（中國）的政治原理，無人可以逃避，除非你不想在官場混了。劉備的說辭，同事們聽聽，似乎覺得也有幾分道理。事不關己，便一哄而散，各司其位去了。

劉備回到住所，把當天發生的事，跟張飛、關羽說了，桃園結義的三兄弟也沒什麼高招，就只有借酒澆愁。這故事敘述到此，也還合理。再往下發展，就蹊蹺得很了。注意下面的描寫：

> 張飛多喝了幾口悶酒，上馬從館驛前過，見五六十個老人，皆在門前痛哭。飛問其故，眾老人答說：「督郵逼勒縣吏，欲害劉玄德；我等皆來苦告，不得放入，反遭把門人趕打！」（〈安喜張飛鞭督郵〉）

這段文字，無論來自羅貫中原稿，還是來自後人的修改與補述，都超出了邏輯範疇。劉備到任，連半年都沒有，老百姓知道他是誰呀，就跑來為他求情？怎麼還哭上了，弄得跟「爹親娘親不如劉備親」似的。為標榜劉備突出劉備，也不至於如此誇張吧。歷史事實是，劉備自己氣不過，鞭打了督郵。到了小說裡，鞭打督郵的人成了張飛。打了督郵，劉關張車載老小，連夜逃往代州，投漢室宗親劉恢去了。前後矛盾的是，劉備他們跑了，縣民倒又在督郵面前做起良民來，幫著督郵鬆綁。作為小說作品，《三國演義》在邏輯方面存有太多瑕疵，令人遺憾。

一場由身分鬧出的亂子，就此收場。但「這廝詐稱皇親」的大戲，卻剛剛開始。下面的描寫，就更令人玩味了：

次日，獻帝設朝，操引玄德見帝。玄德具朝服，拜舞於階下。帝宣上殿，操奏前功。帝曰：「卿祖何人？」玄德不覺淚下。帝驚問曰：「卿何傷感？」玄德曰：「適蒙聖問，因此傷感先祖。臣乃中山靖王之後，漢景帝閣下玄孫，劉雄之孫，

劉弘之子也。先祖劉貞封涿鹿縣陸城亭侯，因此家緣流落。臣有辱先祖，所以下淚。」帝教取宗族世譜檢看，令宗正卿宣讀。譜有曰：

漢景帝生十四子。第七子乃中山靖王劉勝。勝生陸城亭侯劉貞。貞生沛侯劉昂。昂生漳侯劉祿。祿生沂水侯劉戀。戀生欽陽侯劉英。英生安國侯劉建。建生廣陵侯劉哀。哀生膠水侯劉憲。憲生祖邑侯劉舒。舒生祁陽侯劉誼。誼生原澤侯劉必。必生潁川侯劉達。達生豐靈侯劉不疑。不疑生濟川侯劉惠。惠生東郡範令劉雄。雄生劉弘。弘不仕。劉備乃劉弘之子也。

帝排世譜，乃帝之叔也。帝亦下淚，請入偏殿，叙叔侄之禮。帝暗思：「曹操弄權，國務大事，分毫不由朕主。今得此英雄之叔，皇天指路矣。」帝設宴待之，令曹操議定官職。操拜玄德為左將軍之職，封宜城亭侯。玄德拜謝，恩畢出朝。自此皆稱為「劉皇叔」。（〈曹孟德許田射鹿〉）

二十一世紀，尋找自小失散的家人，需DNA配對成功，方能認可失散者的血緣關係。劉備與劉啟，相隔二十代人，時間跨度三百多年，沒有DNA佐證不說，連旁證都沒有。也就是說，沒有第三方來確認劉備為劉弘之子。問題是，即便有人能證明劉備就是劉弘之子，誰又能證明劉弘就是劉雄之子呢？

擱在現在，劉備若說，他祖宗的祖宗的祖宗……是偉大的文景之治時代的劉啟皇帝，還不給人笑死。俏皮話會說：「你祖上是劉啟，我祖上還劉邦來著。」

有人也許會抬槓，說你看看人家劉備，數說家譜，倒背如流，這肯定沒錯。我說，你要誠心拿皇室身分去闖天下，你也可以把攀附對象的家譜倒背如流。皇室那不是一般的家庭，他們的家史，就是公開的國史，只要識文斷字，就能知道皇室的來龍去脈。一波一波的皇帝，兒孫不知凡幾，你想攀附哪一支，隨他什麼睿智的人，也無法查證你這幾百年以後的某個孫子之真偽。所以，「織席小兒」（曹操語）劉備自證是劉啟玄孫、皇室血脈，我看這玄孫真有點玄。

《三國志．蜀書．先主傳》說劉備出自劉貞一支，但對此後的世系卻沒有交代，便徑直寫到劉備的祖父劉雄、父親劉弘。而劉備冒充中山靖王劉勝之後，最大的好處就在於，後人無從考查其真偽。劉勝的兒子多不勝數，其中有十一個兒子的爵位，被武帝劉徹廢黜，其家族紛紛遷移避禍，導致族譜混亂。至東漢末年，已無法知道誰是誰的後代

了。劉備冒充劉勝後人，安全係數就太高了。細心的研究者還發現，劉備與獻帝劉協的世系關係，並非「叔侄」。經過梳理與推算，劉協比劉備整整大了五輩。由此，我們得出一個更加不敬的結論，這「劉皇叔」直接就是劉備招搖撞騙的工具。而且，劉備這一生，就指著「劉皇叔」這頂大帽子吃飯來著。「劉皇叔」代表著什麼？它代表著中國人根深蒂固的官本位思想。

不得不說，中國人的官本位，由來已久。以今之中國為例，官本位者，自己往頭上堆砌頭銜不說，就是主持人在介紹某某的時候，也往往喜歡以人家的頭銜為先，如言「在主席臺就座的有某某書記、某某長、某某主席」之類；倘若某來賓已退休或離職，就說「前書記、前總裁、前主席」，彷彿離開頭銜，就無法介紹人似的。二〇一五年，一度傳出臺北市政府鬧離職潮，這在中國來說，實在無法理解。大陸年輕人，擠破頭皮，往政府裡鑽營，臺北市政府怎麼可以鬧官荒呢？在大陸，一些教授的名片上，不也常常在括弧內注明，他這個教授相當於處級之類的嗎？想來，大陸的官本位之嚴重，那是有傳承的。比如一千八百多年前的劉備，在三顧茅廬的時候，便報出一串的頭銜。劉備莊前下馬，為了表示敬重，親扣孔明家的柴門。

不一會兒，出來一書童，問道：「先生，你找誰呀？」劉備說：「漢左將軍、宜城亭侯、領豫州牧、見屯新野皇叔劉備，特來拜見先生。」哇！「織席編履之夫」（袁術語），竟如此高調，去顧孔明那低矮的茅廬。這倒使我想起英國女王維多利亞的一件事。一天晚上，維多利亞去敲門，丈夫Albert問是誰。維多利亞神氣地說：「維多利亞女王！」Albert不理她，直到維多利亞小心地說：「you wife，Albert！」門才打開。

回過頭來，再去看看孔明的書童，他會怎麼想，嘿，這村夫野莽，跑這裡泛酸來了，是以不快，譏諷道：「咱鄉下人笨，記不了這許多眼花繚亂的高帽。」劉備這一堆的高帽裡，有一頂便是宜城亭侯。宜城在哪兒，無關緊要，重要的是，這亭侯，根本就不值一提。不知道的人，一聽王侯之類的人駕到，會嚇著。問題是，這也得分什麼侯呀。東漢封侯，據其功勞大小而定。有中央級別的，還有省部級別的。這都好理解，因為東漢封賞氾濫，連縣級侯、鄉鎮級別的侯都弄出來了。這算最小的嗎？非也，最小的是亭，略比村大些，叫做亭侯。劉備就是這最小級別的亭侯，他不知高低，還搬出來唬人。孔明的小書童聰明機靈，揶揄劉備跑到鄉村，裝大瓣蒜。

書童一句點醒劉備，他直截了當道：「新野劉備來訪。」早這麼直截了多好。書

童聽了，這才用心答話：「俺家主人今天一早就出去了，你問什麼時候回來，那可說不準，或三五日，或十數日。」劉備躬身一笑，囑咐書童：「如先生回來，可言劉備來訪。」這一回，連「新野」二字也省了。孔子說，三人行，必有我師。此話放在這裡，孔明的書童，就是劉備之師，就是教他怎樣低調做人，別滿世界裝不下似的張狂。

劉備這人似乎不怎麼長記性，抑或就是讓官本位鬧得，他二顧茅廬時，再次擺譜。這次，他依舊沒有見到孔明，只見到孔明的弟弟諸葛均。看上去，劉備又撲了一次空，實際上，是孔明故意為之。孔明因何三番兩次不見劉備？大約是看他誠意幾何。但在我們看來，這何嘗不是耍人玩。為人處世，本該光明磊落，以誠相待。然在中國人的處世觀裡，往往把晦暗不明、隱喻暗示、影影綽綽、支支吾吾、繞來繞去，當成智謀或智慧的一部分。一句話，他總不肯把話說白說透，而是讓你去猜他啥意思。就如一段相聲臺詞說的：「猜不著？你使勁兒猜！」如是痛快人，這感覺便好累好累；如是心機之人，感覺也許再沒有這麼好的了。

孔明不見劉備，就是要溜溜這老小子的腿。這時的劉備多大？孔明多大？三顧茅廬時，正是二〇七年，劉備四十六歲，孔明二十六歲，二人相差二十歲。這孔明，年紀輕輕，卻心機似海，也頗不厚道。生活中，誰交到這樣的朋友，還不得累死。總之吧，二十六歲的孔明，還得再考驗考驗四十六歲的劉備，看看他心有多誠。劉備大約也猜出孔明的心思來了，臨走的時候，給孔明留下一封信，上面又多了一個「司隸校尉」的頭銜。其書曰「漢左將軍、宜城亭侯、司隸校尉、領豫州牧劉備……竊含備漢朝苗裔，忝居皇叔」云云。劉備這麼做，無外乎在孔明面前增加自己的分量。換句話說，看在這一堆亮眼頭銜的份上，請孔明出來見一面。

《三國演義》也罷，民間的三國故事也罷，統統把孔明神化得不得了。其實，那孔明也是凡夫俗子，他的扭扭捏捏，總不肯見劉備，不過為了製造神祕效應，借此抬高自己罷了。觀其一生，自作聰明、故作高深、小家子氣，是他的看家本領，別無過人之處。在本章的〈孔明不才〉一節，我們將有詳述，此不繁贅。需要強調的是，那劉備就吃孔明這一套。這也叫歪鍋配歪灶，畢竟，劉備就是一個無能的主兒。

不是說，一個人史有留名，就證明他有過人之處了，晉惠帝司馬衷完全是一個生理上的白癡，他不照樣以一句「沒有飯吃何不吃肉」聞名於史嗎？前蘇共總書記契爾年科也是白癡，他不也史有留名嗎？朝鮮的大獨裁者金正日到商店裡視察，竟然指著一口

平底鍋問女服務員：「這是什麼？」這樣的白癡，不也史有留名了嗎？清朝末代皇帝溥儀，不會穿衣也不會繫鞋帶，不也史有留名了嗎？這樣的例子，不勝枚舉。時勢造英雄不假，可時勢也造狗熊呀。劉備是不是狗熊，大家自有判斷；在我眼裡，他非英雄，那是一定的。那麼，劉備是什麼呢？他不過是亂世造化出的一個投機者罷了。至於他的「皇叔」身分，那直接就是死無對證、查無實據的一個歷史笑話。

妻子如衣服

英雄是什麼？他首先是大丈夫；大丈夫是什麼？他首先是人；判斷人的標準是什麼？他要尊重他人，包括尊重敵人。一個真正的英雄、大丈夫，連敵人都要尊重，何況是自己的妻子呢？然而，劉備卻視妻如衣。

事情的背景是這樣的，張飛醉酒，丟了徐州，也弄丟了劉備的妻小，他老兄倒灑脫，撒丫子跑了。張飛帶著幾十名逃兵，騎馬至江蘇盱眙，去見正在那裡領兵作戰的劉備。張飛避重就輕，瞞過喝醉酒的事，只說曹豹如何獻門，呂布如何夜襲徐州。劉備一聲歎息：「人生啊，何謂得？又何謂失？人便在這得失之間求生存。所以，得不足喜，失不足憂。」顯得滿不在乎，其實，內心深處，他恨死了張飛，徐州那是多大塊肥肉呀！

一旁的關羽厲聲問道：「你撒丫子跑來了，那麼嫂嫂安在？」張飛心裡恨那關羽多事：「哥哥沒責怪，你倒替他出氣，顯你的仗義來了，什麼玩意！」那邊暗中罵著關羽，這邊嘴裡吐出一句話：「你問嫂嫂他們呀？皆陷於城中了。」說得十分輕巧，劉備聽了，恨得牙根直癢癢，氣鼓鼓的，默然無語。

依舊是關羽出來為劉備撒氣：「當初，你嚷嚷著要守城，說甚來著？放一百二十個心吧，如何如何。兄長又怎麼吩咐你來著？發過的誓，出嘴就沒了；哥哥的話，這耳朵進，那耳朵出。這下好了，不但城池沒了，連嫂嫂也沒了。你咋不一頭撞到牆上死了去，還有什麼臉跑來見兄長？」

哇，關羽這通數落，這通謾罵，這通譴責，讓張飛真是無地自容。可張飛並非那種善於行短見的主兒，否則，他也就不會跑來見劉備了。這不等於張飛沒有主見、沒有想法，看書中把張飛寫得很粗，其實這人細著呢。他心想：「嘿，姓關的，遇點屁事你就

歪歪嘴，偏心哥哥，你越想咱早死，咱老張偏不死。」這點心思過肚，也就瞬間的事，那邊關羽數落完，他這邊嚷嚷道：「叫二哥這麼一說，咱老張沒臉活在這世上了！」先給大夥兒提個醒，他張飛要尋短見，你等可要攔著，千萬別弄假成真。張飛一邊嚷嚷，一邊慢吞吞的拔劍，還一邊拿眼掃視，看哪些傢伙在關鍵時候不真心慰留他。

第一個衝上去抱住張飛的是劉備，別的人看熱鬧而已，並不去奪張飛手中的劍。劉備也顧不上責備，自己忙的滿頭大汗，抓住劍鞘：「兄弟且慢。」張飛心想：「這工夫哥哥嘴裡還且慢什麼？哦，那意思是等一會兒再讓我死。哥哥忒不厚道，咱老張偏不真死。」

劉備感覺張飛手裡的勁兒小了，一把奪過劍來，嗔怪道：「古人說得好：兄弟如手足，妻子如衣服。意思是，這衣服舊了破了，丟了，換一件就行了。你說說，換誰誰不是我老婆？而結義的兄弟，死活就你我三人。死一個，少一個，無可替代。你我兄弟，既然已桃園結義，不求同日生，但求同日死。今日城池老小已然沒了，當哥哥的又怎忍心，丟一手足呢？」張飛心一熱，灑下幾行淚來：「我的好哥哥，弟豈願舍你而去。」哥兒倆相擁而泣。

劉備上面的話，演戲也罷，真情也罷，所傳遞出的信息卻是一致的，妻如衣，丟了再換一件；再丟再換，娶誰誰是他的妻；娶誰都能為他生兒育女。然拜把子的兄弟死了呢？就再也弄不回來了。所以我說，劉備不是英雄，因為他非常的不丈夫。這一點，劉備遠不如反復無常的呂布。

呂布攻陷徐州城後，來不及逃離的劉備家人，受到精心保護。呂布甚至賜糜竺寶劍一口，告訴他，但有登門騷擾者，嚴懲不貸。就是羅貫中寫到此處，也不得不提筆點讚：「此是呂布好處。」兩相對比發現，劉備直不拿女人當人。不僅如此，他還參與吃人家的妻子。

這話要從劉備落荒而逃的途中說起。孫乾勸劉備去投奔曹操，以圖後計。劉備依其言，尋小路投奔許都。這是東漢帝國新的首都，年輕的皇帝劉協，正在那裡給曹操做傀儡。

故事來了。劉備奔往許都的路上沒有吃的，怎麼辦呢？於是就沿路乞討，其中就投到這麼一戶人家，那獵戶叫做劉安。談論之間，嘿，你姓劉，咱也姓劉，劉備劉安就這麼天然的近乎起來。更重要的是，那劉安沒見過什麼大官，聽說眼前這位，是豫州的

州長（州牧），那蓬蓽頓時生起輝來。孫乾說：「老鄉，你看劉州牧一路勞頓，可否勞煩，給弄口吃的。」那劉安也是窮得叮噹響的人，遍尋不得。劉安撓頭，劉備等看出來了，但依舊以渴求的眼神，希望不被拒絕。這叫一個強人所難。

劉安撓著頭，走出堂屋。旋至廚棚，見到自己的老婆，靈機一動，有法兒了。要說，這劉安比劉備還不是人，他竟然打起糟糠之妻的主意。劉安的妻，頭灰髮亂，臉暗衣邋。但人還算精明，見丈夫眼露凶光，隨即起一身雞皮疙瘩：「你這是要作甚哩？拿眼直勾勾的看著我，瘆得慌。」劉安指指堂屋說：「貴人到了，我過來弄點吃的。」說著，背對妻，悄悄從牆角取長刀在手。妻道：「夜裡一碗粥，倆人還掰開喝，如何就有吃的給貴人？」話音剛落，劉安刀起，瞬間，妻子人頭落地。劉安畢竟是獵戶，手腳麻利，很快給劉備等煮製出一頓人肉宴。

待大盆的肉端上來，劉備就知道其中必有蹊蹺，他看看孫乾，並無一言。孫乾會意，心想：「好個小氣的獵戶，剛剛還作難色，這會兒就把肉端上來。」劉備又何嘗不如此揣度呢？肉一入嘴，便不再埋怨，而是多了一份感激之情。吃著吃著，倒感覺幾分的不對，劉備遂問：「這是什麼肉呀？」劉安驚慌失措，撒謊道：「狼肉。」劉安很想讓貴人知道，他不惜妻子性命，而接濟貴人溫飽；又怕實說，讓貴人蔑視他六親不認。他一個小小獵戶哪裡知道，暴政社會的所謂貴人，其惡德劣行，往往比普通人甚之又甚。劉備與孫乾等飽食一頓，睡到天明。

次日一早，劉備去棚廚後面牽馬，見廚下一具女屍，臀部及腿部肌肉，被割個精光。劉備嚇了一跳，慌忙亂喊：「孫乾來呀！劉安，劉安呀，你們快來！」聞聲，孫乾、劉安跑來。孫乾亦是吃驚不小。倒是那劉安，如同做了壞事的孩子，低頭不語。劉備立刻醒悟，問道：「劉安，你老實說，昨晚所吃，非狼肉。」劉安道：「是。我把賤內給你們吃了。」劉備走過來，用力拍了拍劉安的後背：「真忠義之士也！」劉安得到讚許，愧疚之情，一掃而光：「理所當然。」

劉備就喜歡劉安這樣的所謂忠義之士，帶上他，一同去投奔曹操。我們雖然不知道劉安後來的下落，但我們卻知道曹操對此事的態度。劉備把劉安殺妻以饗的事給曹操彙報了，曹操深為感動，賜劉安黃金百兩。可見這曹操，亦不拿妻當人。他賞賜劉安是其一，跟張遼說過的一段話是其二。

事情的原委是這樣的，曹操得知手下的人活捉了張遼，便說：「把張遼給我押過

來！」張遼至前，曹操指著他說：「這人好面熟，咱們在哪裡見過吧？」張遼不屑一顧：「這也值得裝嗎？你我在濮陽見過，如何就忘了？」曹操大笑道：「嘿嘿，你原來也記得！」張遼咬牙切齒道：「只是可惜！」曹操追問道：「可惜什麼？」張遼怒道：「只可惜火太小，若火大，燒殺你這國賊！」曹操暴怒：「敗將安敢侮辱我！」遂起身拔劍，要宰了張遼。那張遼也不虧是一條硬漢，把脖子伸得長長的，拱到曹操面前：「國賊，往這兒砍，頂大碗大一個疤。」

曹操手下的謀士們，皆喊刀下留人。曹操愛惜張遼的勇猛，也並無真心要殺他，把劍往地上一丟，大笑道：「我跟你鬧著玩的。」遂親自給張遼鬆綁，且把自己的衣服脫下，給張遼穿上。曹操安慰張遼說：「縱使殺我妻子，亦不記仇。」張遼深受感動，遂投降曹操。又可見這張遼，亦有不丈夫的一面。

劉安殺妻給劉備吃，東郡太守臧洪，亦殺妾給人吃。臧洪背叛袁紹自立，袁紹發兵討伐，結果，數月不下。但東郡城裡，已是彈盡糧絕。那臧洪，竟然親殺愛妾，以饗作戰部隊。羅貫中如此描述當時的情景：「眾皆涕泗滂沱，莫能仰視。」可問題是，殺妾饗軍，並不能挽回敗局，城池照樣陷沒，臧洪及七八千軍民，照樣一無生還。這一切所成全的，是臧洪殺妾饗軍的「美名」，是全城軍民的所謂忠誠，即無一人叛節。臧洪殺妾饗士，在王夫之看來，乃「天下至不仁之事」。

女人的配角地位，在司馬懿家裡，亦十分凸顯。說件司馬懿全面掌控魏帝國政權後的事，話說這天，他老人家生病了，朝中政要，前來相府探視。司馬懿的老婆張春華，處於禮節，到病榻旁，一者問疾，二者跟朝廷裡的顯要們打個招呼。在當朝來說，女輩之中，除了皇后，那就數得著她張春華了。可張春華一現身，便惹惱了司馬懿，他心想：「咦，這醃臢的老太婆，跑出來湊什麼熱鬧？丟人現眼！」遂面有不快。張春華也不會察言觀色，跟前來探視的政要們打了個招呼，便徑直來到病榻前：「老頭子……」剛開口，就被司馬懿拿眼瞪回。張春華以為稱呼上出了毛病，遂趕緊改口：「老爺大人，你的病可好些？」

司馬懿那個不快，手指張春華罵道：「老物討厭，出來幹什麼？」當著那麼多顯要的面，這通不識好歹的吃罵，那叫一個沒面子。弄得在座的朝中顯要們，尷尬萬分。張春華哭道：「好心當了驢肝肺。」說完，哭著離去。張春華回到寢宮，越想越氣：「沒有這麼傷人的。」自尊心受到極大傷害，張春華絕食，以示抗議。司馬懿聽說了，不以

為意：「哼，餓死拉倒。」可司馬懿的兩個兒子不幹了，聽說生母慚愧絕食，遂一同陪著絕食。這才震動司馬懿，趕快向老伴賠不是。你司馬懿賠禮就賠禮唄，嘿，他老人家卻私下跟人說：「老物死了不足惜，怕好兒子吃虧。」瞧這司馬懿，他不是一般的歧視女性，就連給他養兒育女的老婆，他都如此尖酸刻薄。

最後，再回到劉備身上來，他自立為漢中王後，孔明勸他再婚。再婚就再婚吧，劉備竟然不顧倫常，把同宗劉瑁之妻吳氏（寡婦）娶了回來。這事發生在滿嘴仁義禮智信的劉備身上，無論如何不應該。

人間一股流氓氣

從實說來，劉備這個人的身上，流氓氣十足。又一想，劉備在中國歷史上，是那麼的正面，這是可以指責的嗎？恕我多慮，他的祖先劉邦，就是個十足的流氓呀，本就一脈相承嘛，有什麼大驚小怪的呢？所以，這裡著重說的，是劉備那流氓的一面。這要分兩部分來說，一是他在荊州，跟劉表一族耍流氓；二是他在益州，跟劉璋一族耍流氓。

讀者可否發現一個問題，那就是劉備耍流氓的對象，都是他劉家人。這劉邦吧，是跟外人耍流氓，到劉備這兒，改跟自家人耍流氓了，可謂下作（鄙賤、下流）。這多少有點類似今天的美國與中國，美國對外搞霸權主義，對內搞民主主義；中國對外搞多元主義，對內搞專制主義。

說劉備下作之際，順帶說一下袁紹。當初，各路軍閥聯盟，攻打董卓。鳥散後，袁紹領兵拔寨離開洛陽，屯兵河內（今河南西北部、河北南部和山東西部）。冀州州長韓馥聽說袁紹的軍隊缺糧少草，派人前去送糧，以資軍用。這叫什麼？這叫雪裡送炭。受惠者，當知恩圖報。袁紹又是怎麼幹的呢？他的幕僚逄紀，適時獻上一個斷子絕孫的主意，說：「大丈夫縱橫天下，何曉人家送糧救濟！冀州乃錢廣糧盛之地，將軍何不將它拿下？」

倘若那袁紹仁義，就該一口回絕，唾棄道：「你損不損呀？人家好心接濟咱，你倒好，利用人家的善良，打劫人家。這是要遭報應的！」這是說仁義的主兒，這樣的人，在三國時代，哪裡去找？你聽袁紹怎麼接逄紀的話題？他說：「主意倒是好主意，只可惜，沒有良策呀。」卻原來，袁紹也一肚子的壞水。

逢紀獻計，說：「可悄悄使人給公孫瓚送信，令其進兵取冀州。我們則虛言夾擊，告訴他，待事成，我們瓜分冀州土地。想那公孫瓚，定會上鉤。韓馥豬腦子，一團漿糊，見公孫瓚領兵攻擊他，定會將冀州的行政權，託付於你。到那時，就中取事，冀州唾手可得也。」袁紹大喜，隨即給公孫瓚發信。

公孫瓚見信，那叫一個樂：「這可真是天上掉餡餅呀。」遂即日興兵。道德敗壞的袁紹，一面挑唆公孫瓚攻擊韓馥，又一面使人到冀州，假裝密報，說公孫瓚要來攻取冀州。嚇得那韓馥不由分說，便把冀州拱手送給袁紹。此乃典型的三國版的農夫與蛇的故事。但在中國的歷史敘述中，袁紹及劉備們的下作之舉，往往被奉承為智謀，或曰三國謀略。至今我也弄不明白，千百年來，中國人為什麼會如此不遺餘力地逐臭。

回到正題。先說劉備是怎麼跟劉表耍流氓的。大家都知道，劉備落魄時，是荊州州長（州牧）劉表，可憐見，收留了他，且待之甚厚。可見那劉表，還算說得過去。但他也不免暗自合計，新增這麼多人馬，都駐紮在荊州城內，也不是個事，於是就對劉備說：「賢弟久居城廓，不利於軍事訓練。長此以往，豈不是自廢武功？你看這樣好不好，此去襄陽轄區，有一縣，叫做新野，那裡頗為富饒。賢弟可引本部人馬，到新野駐守。你不用擔心軍費及生活用度，只要賢弟願往，新野的賦稅，盡歸你支配。」

咱們好好思量一下劉表這番話，他個州長，下面管著若干縣。突然有一天，有人前來投奔。投奔那是啥意思？就是落魄了。說得難聽點，破落戶才去投奔人呀。劉備投奔劉表，如同上門乞討。劉表也大方，不是給個窩窩頭一吃了事，而是大大方方的送上一桌豐盛的酒席。這桌酒席是什麼？就是新野縣的土地及那裡的百姓呀！咱什麼時候見過人是這般乞討的？又什麼時候見過施主是這般大方的？也不免胡思亂想，漢朝地方官員的許可權真大呀，一個省的領導，對於下轄的縣份官職，想怎麼送人，就怎麼送人。或許，這也正是東漢末年所獨有的官制，或許也正是三國亂局下所獨有的官制。甭管怎麼說，這劉備算是撈著了，要飯要了個縣太爺幹。恐怕這世上，再也沒有如此運氣的乞討了。劉備自然欣喜不已，帶上人馬，徑往新野，上任去了。

就在新野，劉備的甘夫人生下劉禪。這一年，為二〇七年；這一年，曹操滅袁紹殘餘勢力，袁尚、袁熙兄弟，敗走遼東，並終為遼東太守公孫康所殺；這一年，曹操統一北方；這一年，劉備三顧茅廬，請孔明出山；這一年，曹操從南匈奴贖回蔡文姬。好個有戲的年份！

你說你劉備吧，寄人籬下，凡事就該謹慎。尤其初到新野，不說新官上任三把火，也該踏踏實實，一心一意，謀一縣百姓的福祉。百姓富足了，他的軍隊、他的行政團隊，才有錢去謀更大的事業。可他不，他老兄腳跟未穩，竟然跑到荊州城，攛掇劉表去摸老虎屁股，可謂居心叵測。

怎麼回事呢？劉備跑到荊州城，跟劉表說：「當下這個節骨眼呀，曹操帶著他所有的軍隊，北伐去了。都說曹操絕頂聰明，我看不然。哪有軍隊傾巢而出的？這一來，首都許昌不就徹底空虛了嗎？所謂智者千慮，必有一失，就是說曹操這種人的。這個時候，若集結荊州兵力趁虛而入，許昌唾手可得也。」劉備的意思是，拿下許都，劫持了劉協皇帝，他們就可以像曹操那樣，挾天子以令諸侯了。

瞧瞧劉備這德行，寄人籬下，竟生此歹心，實在不厚道。當然了，劉表也非傻瓜，心想：「劉備老弟呀，你這不是攛掇老朽去幹傻事嗎？給你個新野縣，不好好在那裡待著，卻跑這裡生事來了。讓我去摸老虎屁股，讓我去捅螞蜂窩，惹惱了老虎螞蜂的，你是不是要從中漁利呀。」想到這，劉表冷冷地甩出一句話：「我劉表雖說不才，卻擁有九州，足矣。至於非分之想，不敢不敢！」把劉備弄了個大大的沒趣。

劉表哪裡知道，這只是麻煩的開始。看明白了吧？劉備之意，並非真要劉表去摸曹操的屁股，而是刺探劉表到底有多少政治頭腦，又有多少軍事才能。他是醉翁之意不在酒，在哪兒？劉備正覬覦人家的荊州哩。你說劉表，收留乞討的劉備，這不是引狼入室嗎？

劉備的狐狸尾巴，不僅劉表所見，就是劉表的小舅子蔡瑁，亦看得清清楚楚，是以有計殺劉備的事發生。劉備雖然逃過一劫，畢竟，也算是給他一個教訓：做人要厚道。

事實表明，劉備在荊州問題上，不僅沒有表現出應有的厚道，反而得寸進尺、變本加厲了。曹操幾十萬大軍，以征剿劉備為名南下，其真實意圖，不言而喻。劉備帶著四五千人馬，棄新野，落荒而逃。後來，孔明又是舌戰群儒，又是激將孫權，又是引誘周瑜，借東吳數萬兵力，打敗曹操，又趁亂奪得南郡、襄陽、荊州三座城池。孫權那叫一個氣，嘿，你說這劉備，咱東吳打下來的地盤，他說個搶就搶，全無為客之道。遂派魯肅到劉備那裡，去討要荊州。

讀者看到這裡，不免糊塗，剛剛你魏得勝還說，荊州是劉表的地盤，轉眼間，怎麼又變成孫權的了。這就是三國時代的複雜性，不理清這個問題，下面的相關文字，就無

法敘述下去。

我們首先說，荊州這塊土地的主權，歸屬劉表是沒有問題的。漢室江山，為劉氏所有，皇室兄弟爺們分封到土地後，如果運氣足夠好，便世代相傳。運氣差些的，得到的原始封地，要麼被當朝皇帝分割成若干份，賞於已故王爺的子孫；也有異姓功臣得到分封的。運氣更壞的，就是被當朝皇帝收回封地。毫無疑問，劉表就是那運氣好的，荊州由他這一支系，世襲至東漢末年。

劉氏皇室，窮途末路，劉表自然是這窮途末路上的一環。本來吧，他並沒有介入軍閥混戰。可是，自劉備投奔他之後，情況就變了。劉備是一個不安分守己的人，他投奔劉表前，曾武力取得汝南郡（今河南省駐馬店市上蔡縣）。一支幾千人馬的流寇，坐擁一郡，這不挺好嘛。可劉備不這麼想，他聽說曹操揮軍河北，便想著去占人家的便宜，乘虛攻打首都許昌。曹操當然不幹，遂劍指汝南，曹劉就這麼打起來了。最終，劉備這支流寇，丟盔卸甲，跑了。這真叫，偷雞不成蝕把米。

逃到荊州的劉備，還是不肯安分守己，以新野為依託，攻下曹操的地盤樊城。這筆賬曹操得給你劉備記下呀，等著吧，到時新賬舊賬一起算。這當兒，孫權跟黃祖槓上了，跨江過去，把個黃祖給滅了。荊州之地，這時才正式進入東吳視野。孫權得志，就想著把黃祖管轄的江夏（時轄河南、湖北各一部分，今為湖北雲夢），納入自己的版圖。張昭諫言：

孤城亦不可守也，且回江東。劉表必與祖報仇。坐而待之，必敗劉表；劉表一敗，則乘勢而攻之，荊、襄可屬東吳矣。（〈孔明遺計救劉琦〉）

記住張昭「乘勢而攻之，荊、襄可屬東吳矣」這句話，這充分說明，此時的荊州主權，尚屬劉表，孫權欲圖之而未得。孫權不聽，派甘寧帶兵鎮守夏口，他自領大軍守柴桑郡（今江西省九江市）。而荊州納入劉備視野，則是緊隨其後的事。還是〈孔明遺計救劉琦〉這一回，劉表派人到新野，請劉備到荊州去一趟，說是有要事相商。劉備問怎麼辦，孔明說：

此是因江東破了黃祖，故請主公議定報仇之策也。正欲主公去走一遭，荊州九

郡，沃野萬里，用武之地，已在掌中矣。某與主公同往。

記住孔明「荊州九郡……已在掌中矣」這句話，這亦充分說明，此時的荊州主權，尚屬劉表，劉備欲圖之而未得。這時（二〇八夏）的曹操，已改組中央政府，政通人和。於是，想起劉備，決意南征。算帳的來了，劉表病重，托孤劉備，讓他輔佐長子劉琦為荊州之主。劉備哪是曹操的對手，只得一逃了之。荊州土地，落入曹操之手。這是荊州大地第一次易手，由劉表而曹操。不過，時間比較短暫，渡江戰役（赤壁之戰）之後，劉備漁翁得利，取得荊州。十八年後，荊州歸屬孫權。又六十一年後，荊州納入統一的晉帝國。八十年間，荊州主權走向略下：

劉表→曹操→劉備→孫權→司馬炎

就是在這樣的大背景下，孫權視荊州為自己的土地的。戰事結束，曹操曾經佔領過的荊州等地，現在負責接收的是孫權，而非你劉備這樣的流寇。這多少有點像一九四五年的日本戰敗，日軍退去，國共軍隊爭搶曾經的日占區。流寇占了上風，孫權不幹了：「那劉備，你太不仗義，我軍浴血奮戰，趕走了曹操幾十萬大軍，臨了你倒跑來搶佔荊州大地。那不行，須把吞進去的荊州，給我吐出來。」於是，派魯肅為使，前往荊州，討要被搶土地。且看下面魯肅與劉備、孔明的政治對話。

魯肅見了劉備，直截了當道：「我來之前，吳侯與都督周公瑾再三囑咐，說你到了荊州，一定要跟皇叔他們好好談談，土地的事呀，一定要分出個子丑寅卯來，不能稀裡糊塗的。」劉備勸慰道：「子敬①坐下來，喝口水，慢慢說。再大的事，也是一家的事，別上火。」魯肅坐下，心想：「再怎麼著，你我都一家不了，甭在這裡給我灌迷魂湯。」

劉備親自遞上一盞水，魯肅接了喝下，然後說：「事還是要說清的。」劉備給孔明使了落座的手勢，二人陪魯肅坐下。劉備想：「還是稀裡糊塗的好，土地的事一弄清楚，我往哪兒落腳去。」心裡這麼想，嘴裡卻說：「子敬是自家人，大老遠的來了，必定有個計較，不妨說來聽聽。」還是攪渾水意思。

魯肅道：「我就直說了。此前吧，曹操引百萬大軍，明著說下江南巡視什麼的，

實際大家都知道，那是衝著你劉皇叔來的。你承不承認，曹操發狠，一定要捉拿你問罪的。就你那幾千人馬，怎敵曹操百萬雄師？這麼說也許誇張了，實說人家幾十大軍總有吧？那你也吃不消呀。你知道情形不妙，要求我們幫幫你。你自己說，我主吳侯仗不仗義？二話不說，就出動數萬大軍，幫你逃過一劫。這是事實不是？」劉備笑而不答，孔明則緊鎖眉頭。

魯肅繼續道：「如今吧，曹兵已被殺退，皇叔已然得救。為此，我們江東廢了許多錢糧，折了許多人馬，傷者更是不計其數。可我們何所得？戰爭一結束，曹操曾經佔領過的荊州九郡，歸東吳所有，理所當然。可皇叔你是怎麼做的？原本寄居之人，千不該萬不該，趁亂漁利，奪占恩主城池。吳侯大為不解，讓我前來問問，此乃何理？你給個明白話吧。」

劉備自知理屈，默不作聲。一旁的孔明把話接過來，說道：「子敬此番責備，好無道理。就說這荊州九郡吧，什麼時候成了東吳之地？此乃荊王劉表之基業。我主乃劉表之弟，劉表雖亡，其子劉琦尚在。當叔叔的輔佐侄兒，有何不可？」

魯肅是個沒頭腦的人，一不小心，落入孔明的語言圈套，遂順著孔明的邏輯走下去，說道：「若公子劉琦在荊州，咱沒話可說。問題是，劉琦今在江夏，而不在荊州。」孔明就等這句話，遂把屏風後的荊州州長劉琦拉出來，與魯肅相見。魯肅大吃一驚，一時語塞。

劉備抓到救命稻草似的，以目相逼，意思是，你魯肅還有什麼話可說？魯肅哪裡就這麼輕易就範，他說：「公子在，怎麼講？公子不在，又怎麼講？」豬腦子的魯肅呀，已然掉進孔明的邏輯陷阱，不能自拔。這哪兒是劉琦在不在的問題，而是劉備作為一個寄居者，不該忘恩負義，與東家爭利。他倒好，跟著孔明的思維走，把問題的焦點，轉移到劉琦身上。

孔明見有了迴旋餘地，趕緊承諾：「公子若在一日，我主輔佐一日；若不在，別有商議。」這話在半明半暗之間，不想，魯肅追問一句：「還是把話說明白的好，若公子不在，荊州須還與東吳。」話趕話，孔明也沒有了退路，只好明確承諾：「子敬之言是也。」

世人都說孔明智慧，我看不儘然。他下套，牽著魯肅的鼻子走，這是他的精明之處。可是，他也掉進自己的圈套裡。關於荊州，並非還與不還的問題。如果他足夠智

慧，就應該在談判中，把問題牢牢拴在劉表這根柱子上，而不是跑題，弄成劉琦在不在的問題。荊州九郡原本就是劉表家事，孔明與魯肅一糾纏，直接成了「劉琦死了歸東吳」這麼一個命題，且孔明承諾，就依你魯肅說的，如果劉琦死了，這荊州九郡的主權，就歸東吳所有。嘿，好奇妙的對話，別人家的地盤，域外的兩個人一打嘴仗，就板上釘釘，成了另一方擁有主權的土地。孔明此處的糊塗就在於，他間接地證明了荊州九郡，為東吳地盤。即便如此，又能怎樣呢？中國政壇，一向缺乏政治誠信，孔明的承諾，也只能是一句空話罷了。

州長劉琦命短，於二〇九年，撒手人寰。按照劉備孔明的承諾，荊州該歸孫權了。然而，他們沒有履行承諾。中國人的「一諾千金」，永遠是紙面上的，誰當真，誰吃虧。這源於中國人缺乏契約精神與契約傳統。劉琦一死，劉備立即宣佈，他來做這荊州的州長。史書上，稱作「自領州牧」。

想得美，孫權又派魯肅來要荊州了。魯肅是急性子，見面便直奔主題。劉備哪能給他這機會，數番打斷話題，滿臉堆笑：「大老遠的來了，有什麼話，坐下來說。」魯肅執拗：「這荊州……」劉備拉著魯肅的手，親如手足，一邊讓進客廳，一邊招呼酒席伺候。孔明跟在後面，附和道：「我主所言極是，多大的事，都要坐下來說才是。」魯肅不再堅持，坐下來，待喝了一盞茶，這才說：「前者皇叔有言，公子劉琦若在，暫且寄住荊州；劉琦若不在，便把荊州歸還東吳。如今公子已去世，必然見還我荊州。魯肅今天專為此事而來，但不知，皇叔何時移交荊州政權？」劉備尚無計策，只好舉杯敷衍：「子敬且把這杯酒喝了，再行商量不遲。」魯肅急了：「有個怎樣的商量？莫非又要生變？言而無信非禮也！」見劉備為難，孔明作色解圍，拋出一套強盜邏輯，大意如下：

子敬公好不通情理！咱且不說遠的，就從大漢開朝說起吧。想當年，我高皇帝提三尺劍，斬白蛇，起義兵，成就四百餘年之基業，傳至於今。不幸的是，方今奸雄並起，瓜分我大漢土地，各自為政，自收賦稅。謝天謝地，老天有眼，使我大漢，複歸正統。

我主人劉備，乃中山靖王之後，漢景帝玄孫，今皇上之叔。普天之下，莫非王土，你倒是說說，哪塊土地是不該我們居住的？再者說，劉表乃我主之兄也，

弟承兄業，有何不可？你的主人孫權，乃錢塘小吏之子，素無功德於朝廷；今倚強惡，佔據六郡八十一州，怎麼還不滿足呀？又跑這裡要荊州九郡來了，你主什麼意思？是想要吞沒大漢王朝嗎？

劉氏天下，我主倒無分；你主姓孫，倒東一塊，西一塊的占著，還不知足。況且那赤壁之戰，非你東吳一家之功，我主亦多負勤勞，眾將用命。還有啊，若非我借東南風，你家周郎安能施展軍事抱負？若非我借東南風，江南一破，不要說二喬被擄到銅雀宮，就是你等的老婆孩子，皆不能保矣。

剛才，我主人沒有即刻答覆你，是想著，子敬乃高明之士，響鼓不用重錘敲，你必定能體察其中的真意。你倒好，傻傻不辨，真可惜了你那一肚子的學問。（〈周瑜定計取荊州〉）

我們琢磨一番孔明上面的話，什麼「奸雄並起，瓜分我大漢土地」——孔明初出茅廬，一口一個「我大漢」，真個好不自量；什麼「老天有眼，使我大漢，複歸正統」——請問是誰的正統？獻帝劉協的？還是流寇劉備的？什麼「你主是想要吞沒大漢王朝嗎？」——孔明這話著實不著邊際了，孫權是來索要荊州的，到孔明嘴裡，便成顛覆漢室江山了；什麼「若非我借東南風」云云——什麼話？冬至多有東南風，此乃自然現象，非人力所為。孔明如此胡扯，堪稱吹牛大王。

魯肅當仁不讓，說：「昔日皇叔當陽受難時，是咱魯肅引孔明渡江來見吳侯；後來，周公瑾要興兵攻荊州，又是咱魯肅幫著你們擋回；再後來，你們說待劉琦公子去世後還荊州，又是咱魯肅幫你們在吳侯面前圓場。今天，劉琦公子已然去世，你們也該信守承諾，是時候歸還我荊州了。然你們不僅失信，且強詞奪理。身為皇叔，一而再，再而三的失信，我魯肅何以回去面見吳侯？你們這不是置魯肅於死地嗎？」

魯肅一席話，讓孔明自知理屈，又承諾了一回。也就是說，劉備孔明之流，是拿著承諾當飯吃的。而這樣的承諾，也就分文不值。但看孔明新的承諾，他說：「怕先生面上不好看，我教主人立紙文書，暫借荊州為本；待我主攻取他城，有個安身立命之所，便將荊州交還東吳，先生以為如何？」

孔明言而無信，這裡又改借了。那魯肅還挺拿孔明的承諾當回事的，遂問：「你們奪得何處城池，才還我荊州？」孔明說：「中原有曹操守著，人家勢大，肯定是圖不

得。倒是西川的劉璋比較暗弱，我主有意圖之。若得西川，那時便還荊州。」魯肅竟也稀裡糊塗，說那就趕快立字據吧。劉備一看，緩兵之計成矣，遂親筆立下字據。然後，舉杯共歡，慶祝騙與被騙協定的達成。

這其中，有件奇怪的事，頗令人玩味。在劉備借荊州的字據上，孔明竟然作為保人，在上面簽字畫押。不對呀，哪有強盜給自己做保人的。更奇者，孔明竟要求魯肅，也在劉備的借據上簽字畫押，說是回去見了吳侯，好看些。瞧呀，那豬腦子的魯肅，竟真的把字簽了，這哪兒跟哪呀？

臨走，魯肅不忘奉承劉備一番：「咱知道皇叔乃仁義之人，必不相負。」劉備言而無信，何談仁義？那劉備與孔明之流，不僅缺乏仁義，還在魯肅將要登船離去時，放下狠話：「子敬回去見了吳侯，好好解釋解釋，休生妄想。若不准我借荊州，鬧翻了，連武侯的八十一州都奪了。」哇，好厲害的流氓無賴，那邊剛剛簽了協議，這邊便翻臉不認，又恐嚇起恩主來了。

魯肅回來，先到柴桑郡，見過周瑜。瞭解情況後，周瑜頓足道：「子敬中孔明之計也！他們說是借地，實是混賴不還；說是取了西川便還，你知道他幾時取那西川？若他十年不得西川，十年不還；若他永遠不得西川，是不是咱這荊州，他就永遠不還了？這等沒影兒的文書，要他何用。最最不能理解的是，你子敬竟然與他做保。他借咱家的土地，你做的什麼保？好不糊塗！劉備若不還城池，必連累足下，吳侯一怒，你九族難保也！」

魯肅聞言，方知鑄下大錯，呆了半晌，將文書擲於地上，泣道：「恐玄德不至於負我。」周瑜怒其不爭道：「子敬乃誠實篤厚之人，劉備是梟雄之輩，孔明乃奸猾之徒，不似先生誠懇本分。」魯肅徹底傻眼：「事已至此，如之奈何？」周瑜安慰道：「你且寬心住幾天，待江北密探回來，再做規劃。」魯肅忐忑不安，度日如年。

前面我們說，那魯肅是豬腦子。你再看看周瑜的計策，比那魯肅好不到哪裡去。密探報告說，劉備的甘夫人死了，荊州城裡正揚旛做祭。周瑜以為機會來了，想了一個損招，把孫權的妹妹介紹給劉備做繼室，賺取劉備前來迎親。那周瑜，一會兒說孫小姐武功了得；一會兒盤算，將劉備騙到來逮捕，以換取荊州，看把他能的。結果呢？大家都看到了，賠了夫人又折兵。

需要說的，倒是那劉備，不顧新喪在身，跑到孫權家裡，跟孫小姐成親。這且不

說，他還特別的迷戀聲色，幾乎就要樂不思荊了。蜀國滅亡，劉備的兒子劉禪，被押解到洛陽，樂不思蜀，想來，一定有劉備的遺傳吧。

後來，也就是二一四年，劉備奪了劉璋的西川（稍後，我們將單獨細說此節）算是有了根基，該把荊州還給孫權了吧？不，他們不僅繼續失言，且派得力幹將關羽，鎮守荊州。事關土地，孫權不會聽之任之。他召張昭、顧雍商議說：「當初劉備借我荊州時，說取了西川便還荊州。如今，劉備已得巴蜀四十一州，如其不還，即動干戈。」張昭道：「我有一計，使劉備將荊州雙手奉還主公。」

張昭所獻之計，是讓孔明的哥哥諸葛瑾，去成都索要荊州。理由是，劉備若不歸還荊州，諸葛瑾的一家老小，命懸一線。東吳缺乏流氓無賴之才，更缺乏奸詐之輩，從魯肅到周瑜，從周瑜到張昭，所獻計策，皆迂腐不堪，乃至成事不足，敗事有餘。叫諸葛瑾跑到成都，說你們不還荊州，我家老小就沒命了。這未免也太小兒科了吧，甭說劉備孔明奸詐之徒，就是笨如腳後跟的東吳高層，也未必會相信這鬼話。只是太缺乏奸詐之才，管他什麼爛招，試試再說。這就難為諸葛瑾了。

孔明與劉備唱雙簧，耍弄他那老實巴交的親哥哥諸葛瑾。你說這叫什麼事呀。什麼荊州，一打二嚇唬的，劉備勉強答應歸還長沙、零陵、桂陽三郡。諸葛瑾感激涕零，帶著劉備的書信，奔赴荊州，向鎮守那裡的關羽，索回三處城池。劉關張三人，全是土匪性格，豈是一個文弱的諸葛瑾對付得了的？孔明也不是不知道關羽的德行，可他依舊讓親哥哥到關羽那裡，接受羞辱。雖說兄弟各為其主，但孔明這麼做，忒不厚道。一個人眼裡只有江山，而無親情，還能稱之為人嗎？

關羽見了諸葛瑾，吹鬍子瞪眼不說，還拔劍相向：「休再囉嗦！小心此劍不長眼！」倒是關平，替諸葛瑾求情：「怕軍師面上不好看，望父親息怒。」關羽怒道：「不看在軍師孔明面上，教你回不得東吳。快滾！」關羽武夫一個，全無外交辭令。諸葛瑾見關羽兇神惡煞的樣子，連跑帶顛，離開荊州。

懦弱的諸葛瑾，無法回東吳交差，只得返回成都。那孔明，也不可憐可憐他的哥哥，你以為從東吳到成都，是飛機來，飛機去呀？你以為諸葛瑾還年輕呀？他都不惑之年了。打在現在，小中年，精力旺著呢。東漢那會兒，四十歲的人，差不多就是小老年人了。舟途的勞頓，一把的歲數，那叫一個受罪。嘿，孔明可真夠作孽的，他竟然拒見自己的哥哥，謊稱出遊去了。

無奈，諸葛瑾只好求劉備。劉備的拖延術又來了，他說：「你又不是不知道，我這個關羽弟乃性急之人，凡事不問三七二十一，動輒就愛發個火什麼的。就是火滅了，心平了，他不同意的事，也是一時半會勸不過來的。你看這樣好不好，你先回去，容我跟軍師商議去取東川、漢中諸郡，一旦得手，便把關羽調到那裡去鎮守，那時交付荊州，再無阻礙，你看可好？」又是一個遙遙無期的承諾。這叫一個流氓成性！

諸葛瑾無功而返，孫權大怒，隨即召集諸將說：「如今，劉備借我土地，混賴不還，俄延歲月。既然劉備有還三郡之言，可差官員去長沙、零陵、桂陽赴任，且看如何。」結果，發去三郡的官吏，盡被逐回。孫權怒不可遏，決心起傾國之兵取荊州。不巧的是，忽聞急報，說曹操起三十萬大軍，殺奔而來。荊州的事，再次化為泡影。直至二一九年十月，關羽在襄樊之戰中被孫權所殺，荊州才正式劃入東吳版圖。細算下來，自二〇一～二一九年，前前後後，斷斷續續，劉備染指荊州十八年。

關羽死了，但其悲慘結局，令人生疑。襄樊之戰，前後持續半年，成都方面竟未派一兵一卒救援。這於劉備孔明而言，恐怕他們各有盤算。關羽手握重兵，鎮守荊州，狂傲不羈，目中無人。這樣一個狠角色，是劉備的繼承者所無法應對的。因此，劉備放任了關羽的敗亡。至於孔明，有關羽在，他就難以在軍中發揮影響力。而關羽侮辱諸葛瑾，孔明這當弟弟的，也絕不會裝聾作啞。幾方面的因素，使得孔明同樣放任了關羽的敗亡。一句話，劉備與孔明，都不希望關羽的存在，哪怕以丟失荊州為代價。

＊＊＊

用下面的篇幅，再來說說劉備是如何搶奪劉璋之西川的。

二一一年早春，劉備與益州州長劉璋，於涪城會晤。西川寶地，那是劉備覬覦已久的地方，這次來，是投石問路的。然劉備手下的人，急於求成，想席間幹掉劉璋，取而代之。什麼意思？就是奪了益州，如同當年奪了荊州一樣，然後做那地方的父母官。劉備私下阻止道：「我等初入蜀地，人生地不熟的，不可貿然行事。」這話很明白，這次咱們來，是先摸情況的，等把西川的地理、軍隊部署摸清楚了，可一舉功成。然那劉璋，卻懵懂無知，待劉備為上賓，哥兒倆熱乎的，如一母所生。

劉備的手下並不這麼認為，什麼才是成熟的時機？擒賊先擒王，拿下劉璋，西川不就到手了嗎？酒至半酣之際，龐統與法正商量說：「事在掌握之中，由不得主公了。」

便教魏延於酒席上舞劍，暗囑伺機對劉璋下手。魏延言聽計從，拔劍上場，說：「這麼好的酒宴，沒有娛樂節目，豈不掃興。魏某願舞劍助興。」龐統遂喚眾武士站到酒席邊上，屆時協助魏延。劉璋手下諸將，看出端倪，個個怒目圓睜，亦掣劍對舞。龐統給劉封使了個眼色，劉封會意，亦拔劍上場。接著是劉瓚、泠苞、鄧賢，各掣劍而出：「我等當群舞，以助一笑。」一時之間，殺氣盈室，一如當年的鴻門宴。

劉備見狀大驚，心想：「這不是壞我大事嗎？圖大業哪有急於求成的事。」遂抽出左右衛士所佩之劍，立於席上，呵斥道：「我兄弟乃漢室宗親，相逢痛飲，並無疑忌。又不是什麼鴻門宴，何以舞劍為亂？不棄劍者，立斬！」劉璋亦叱責道：「兄弟相聚，何必帶刀？統統出去！」舞劍者，紛然下堂。一場陰謀，胎死腹中。

見過漢初的鴻門宴嘛？那是項羽手下的人謀殺劉邦，而當下這涪城版的鴻門宴，乃是自相殘殺。好在，最終破局。但這不等於說，劉備覬覦西川之心就死了，他始終在等待最佳時機。不久，機會終於來了，劉備的人，趁夜拿下涪城，敗兵連夜逃回成都，報與劉璋。這時，劉璋才幡然醒悟：「將士們提醒，當心引狼入室，甚至讓我逐客。我不以為意，甚至稱讚劉備為仁義之人。不料，劉備果如將士所言，如今其狼子野心，昭然若揭。」

三國給人印象最深的，便是劉備的仁義。劉備在中國人的心目中，乃仁義之化身。比如那魯肅吧，他跑到荊州索要土地，吃了閉門羹，仍不忘說「咱知道皇叔乃仁義之人」；比如這劉璋吧，手下的將士們讓他提防劉備，他卻說「劉備乃仁義之人」。一個相當不仁之人，在世間所立起的牌位，卻是仁之又仁，這實在有悖常理。今天沒有這樣的人和事嗎？也有呀？就說毛澤東吧，《東方紅》裡這麼唱他：

東方紅
太陽升
中國出了個毛澤東
他為人民謀幸福
他是人民大救星
……

然而，這位大救星治下的土地，民不聊生，餓殍遍野（一九五九～一九六一年，三年大饑荒，粗略統計，中國餓死三千萬人左右）。可他去世的時候，人民仍然哭天搶地，以為從此再也見不到太陽。即便毛澤東去世三十九年後的二〇一五年，藝人畢福劍，因酒桌上唱了幾句調侃毛澤東的歌，連金燦燦的飯碗都弄丟了。後世愛劉備愛的那麼變態，愛毛澤東亦愛得那麼變態，這如何從中分辨出好壞，又如何成為一個成熟而理性的民族？

扯得好遠！回到原題上來吧。最後，我們來回味一下孔明此前的一番話。當年，魯肅代表孫權，前往劉備那裡，索要荊州。劉備演戲，掩面大哭。孔明解釋說：「當初我主人借荊州時，許下取得西川時便還。仔細想來，益州劉璋是我主人的兄弟，都是漢朝骨肉，若要興兵去取他城池時，恐被萬人唾罵；若要不取，還了荊州，何處安身？若不還時，於舅舅②面上不好看。事有兩難，只得慟哭。」那麼當下奪取劉璋的領地，為什麼就不怕被萬人唾罵了呢？流氓的嘴臉就是，橫說，他有理；豎說，他又有理；不搶他有理，搶了他又有理。真理永遠站在流氓一邊，他也就永遠從正確走向正確、從勝利走向勝利了。也別說，這樣的政治流氓，從古至今，還真不乏見。

涪城丟了，劉璋星夜發兵，以拒劉備。成都的部隊剛剛開拔，前線的劉循逃回，面見父親劉璋，說又陷了一個雒城。這就是說，劉備全無兄弟情，撕下假面，以決一死戰的心態，奪走兄弟的土地。

懦弱的劉璋，計無所出，只好坐以待斃。那結果不出所料，手下大將馬超，歸降劉備，反過來勸降劉璋：「若開門納降，可免致生靈受苦；若執迷不悟，我等只好攻城了！何去何從，你看著辦吧。」馬超把勸降的話撂下，退兵而去。劉璋聞言，面如土色，一氣之下，昏厥過去。待眾官將他救醒，劉璋悔恨道：「我之不明，悔之不及！算了，開門投降吧，免致百姓塗炭。」

主戰派董和諫阻道：「城中尚有三萬兵力，錢帛糧草可支應一年。況軍民皆有死戰之心，願主公勿憂。」劉璋是一位可愛的投降主義者，他反駁說：「我父子在蜀二十多年，無恩德以加百姓。如今連年攻戰，三年間，肉血橫飛，我害蜀地百姓還不夠嗎？罷了罷了，積點德吧，投降以安百姓。」劉璋免致生靈塗炭的精神，因乏見中國，而倍顯珍貴。劉璋之結局，與後來的劉禪之結局，如出一轍。這一點，是劉備所未能預料到的。

話說這天，劉璋齎印綬文籍，出城投降。下面的鏡頭，很是蒙太奇：劉備出寨迎接，握住劉璋的手，滿面鱷魚眼淚：「哥，不是弟想奪你的土地，奈勢不得已也！」有這麼噁心人的嗎？他搶了人家的土地，卻說「不得已」。你也盡可不得已去死呀，幹嘛不得已人家的土地呢？有這麼欺負人的嗎？有，劉備就這麼欺負人，之前搶奪劉表的土地，如今搶奪劉璋的土地。雖是漢朝末期亂局，但君子愛財，取之有道。既不講君子之道，那就是小人所為了。何止呢？劉備直接就是打家劫舍的土匪呀。

劉備入主成都，做了益州的州長。他怕劉璋復辟，遂將其發往公安。劉璋一家老小，哭哭啼啼，離開成都。這一年，已是二一四年；這一年，獻帝、伏皇后與國丈伏完，密謀剷除曹操，事泄，曹操誅殺眾人（詳見第三章〈刀刃上的皇室〉）。

綁架新野百姓

這一小節，我們再從另一角度，說一說劉備的不仁。劉備主政新野的時候，曹操親率大軍，前去追殺。劉備得知消息，率部撤離，這本無可非議。令人不齒的是，他竟然假「以人為本」之名，綁架數萬新野百姓，跟他一同亡命天涯。百姓願意不願意，都得隨行。劉備令士兵四處張貼告示，要求新野城的居民：「無論男女老少，一律跟隨部隊，遷往樊城，躲避戰禍，不可自誤。曹軍若到，必行不仁，傷害百姓。」這樣的催逼告示，一連十數次，效果不佳。為絕遺留，劉備採用孔明之計，一把火，把個新野城給燒了。

新野百姓祖祖輩輩建立起來的家園，劉備孔明之流，說個燒，便燒了，燒得那麼輕鬆，燒得那麼理直氣壯，燒得那麼大義凜然。敢情這不是他們的祖產，燒著也不心疼。誰還幹過這斷子絕孫的勾當？董卓呀！當年，董卓專權，令各路軍閥惱怒。曹操、袁紹、袁術、韓馥、孔融、孫堅等十七鎮諸侯，組成聯軍，攻打首都洛陽。董卓見勢不妙，決意遷都長安。司徒楊彪說：「關中殘破零落，不易遷都。」太尉黃琬說：「長安盡為瓦礫之地，的確不易遷都。」司空荀爽更說：「丞相若欲遷都，百姓皆危亡矣。」董卓大怒：「我為天下計，豈惜小民哉！」

董卓的「天下計」，乃一己私利上的「天下計」，故不惜小民。一肚子壞水的李儒給董卓出點子，說：「當下政府缺錢少糧，而洛陽富戶又極多，何不將這些富人的財產

沒收充公，以增加政府收入。」（嬴政與劉邦這麼幹過，毛澤東亦這麼幹過）董卓聞之大喜：

即差鐵騎五千，遍行捉拿洛陽富戶，頭插旗，上寫「反臣逆黨」，數千家盡斬於城外，取其金資，將妻小分俵眾軍而去。李傕、郭汜盡驅洛陽之民數百萬口，前赴長安。每百姓一隊，間軍一隊，互相推拖，死於溝壑中者不可勝數。及縱軍士淫人妻女，奪人糧食，飢餓自盡者死屍遍野。啼哭之聲，震動天地。如有行得遲者，背後三千軍催督。軍手執白刃，於路殺人。

卓臨起，先教諸門放火，焚燒居民房屋。帝並皇族上車，卓令放火，燒宗廟宮府。南北兩宮火焰相接，長樂宮盡為焦土。又差呂布發掘先皇及後妃陵寢，取其金寶。軍士乘時掘官民墳塚，不留一墓。董卓裝載金珠緞匹好物數千餘車。

（〈董卓火燒長樂宮〉）

正史所載，董卓的撤離政策是，把洛陽周圍二百里內的城市村落全部燒盡。劉備孔明二賊的撤離政策，與董賊如出一轍，新野的百姓，被強行押到流氓土匪的戰車上。劉備的軍隊，充其量也就五千多人，曹軍打來，說個跑，竄得影兒也無。可那新野的百姓，扶老攜幼，如何逃得了？就是逃跑的速度，也無法令人滿意。孔明意識到，這樣下去，殘部難保，於是提出，丟下百姓，以便部隊輕裝前行。

在《三國演義》裡，孔明扮演的是助紂為虐的角色，他助劉備之虐，為其出了很多餿主意、壞點子，這不，他的壞點子又來了。你把新野百姓的家園燒了個乾乾淨淨，這會兒又要把人家丟在半路上，這不喪盡天良嗎？則那劉備，在書中扮演仁慈之主、正義之主，哪能就半路上丟下百姓不管呢？他哭著對孔明說：「若濟大事，必以人為本。今新野百姓跟我踏上長征之路，何以忍心棄之？」

你看看，明明是綁架百姓，到劉備嘴裡，卻成了「以人為本」。果真為百姓所想，就不該把百姓綁到自己的戰車上。綁架無辜的百姓，且數目龐大，以為只有董卓那樣的惡棍幹得出來。不想，一向在歷史中扮演好人的劉備，也幹著斷子絕孫的勾當。

劉備軍民到了樊城，依舊無法安全落腳，又帶上一城的百姓逃亡。曹仁與曹洪，引十萬大軍，在後面追殺。新野與樊城，兩城的百姓，十多萬人，隨劉備向江陵大遷徙，

戰爭起處，十萬百姓，妻離子散，嚎哭震天，屍橫遍野，血流成河。這哪是以人為本，簡直就是以人為盾牌嘛。我的見識裡，以為只有中東的真主黨與巴勒斯坦的哈馬斯，善於用百姓做盾牌，與以色列周旋、作戰。這卑劣的手段，原來都是東漢末年的中國人玩剩下的。

關羽不義

關帝是個大泡沫

說完劉備的不仁，下面咱們再來說說關羽之不義。在進入這個話題前，先來談談關羽的形象泡沫化問題。

《三國演義》全書第二回〈劉玄德斬寇立功〉，便見羅貫中對關羽一口一個「關公」相稱。三國時，關羽不過一介武夫，何來「關公」？想來，不外乎後人對他的敬稱，羅貫中拿來主義，搬到三國背景下的文本裡來敘述。《說岳全傳》的作者也犯這毛病，在敘述到岳飛時，也從來都是一口一個「岳大爺」。如然，這岳飛豈不成了所有讀

者的大爺？很不像話！

桃園三結義，說的是劉關張講義氣的事，可我們最終發現，在近兩千年的歷史中，成為義氣典範的，惟關羽一人。遍佈華夏大地上的關帝廟，就是明證。那麼，關羽這個「帝」之尊號又是怎麼來的呢？早在陳壽的《三國志》中，關羽僅僅是一個將軍，脾性上有點冷，有點義，有點勇。僅此而已。宋元兩朝開始，關羽逐步被神化。劉備的正臉，也是這個時期開始被強化的。到了明清兩朝，直接把關羽捧上了天。下面是關羽在各個歷史時期所被賦予的尊號：

蜀國時，封其為壯繆侯；

北宋時，封其為忠惠公、武安王、義勇武安王；

南宋時，封其為壯繆義勇武安王、壯繆義勇武安英濟王；

元朝時，封其為顯靈義勇武安英濟王；

明朝時，敕建關廟、封協天護國忠義帝；

清朝時，封其為忠義神武關聖大帝。

「關帝」或「關帝廟」，就是這麼演化來的。歷史上有三位皇帝，推崇關羽，近乎兒戲的地步。清雍正帝愛屋及烏，竟然連關羽的曾祖父、祖父、父親一併追封，分別為光昭公、裕昌公、成忠公。明萬曆帝給關羽的封號，竟有十五個字之多，曰：三界伏魔大帝威遠震天尊關聖帝君。清光緒帝有過之而無不及，他給關羽的封號，長達二十六個字，曰：忠義神武靈佑仁勇威顯護國保民精誠綏靖翊贊宣德關聖大帝。可謂登峰造極！

粗略統計，歷史上有十六位皇帝二十三次御旨加封關羽，爵位由侯而王，由王而帝，乃至關聖大帝，真是榮寵無比。學人商人藝人，百姓草莽義士，僧道尼丐匪盜，全國不分階層，不留死角，皆追隨皇室的腳步，追捧關羽。以關帝廟為例，清代中葉，僅京城之內，便多達一百多座；臺灣大大小小的關帝廟，據說亦有數百座之多。

中華帝國的皇室，為什麼如此熱衷宣揚關羽？目的就一個，希望治下的臣民，都像關羽那樣，愚忠於皇室、愚效於皇室。這樣，他們才好統治；這樣，他們的江山才可萬萬歲；這樣，他們皇室才可以永永遠遠駕馭人民、奴役人民。

歷史的演化是很有意思的，有一文（文聖孔子）便有一武（武聖關羽），千百年

來，中國人的道德楷模與精神寄託，全在這倆人身上了。可問題是，中國的事、中國的人往往都經不住深究，以關羽為例，說他是道德楷模，說他是仁義的化身、忠義的化身，他配嗎？

就歷史所載，我實在看不出劉備的義、張飛的義，義之化身的關羽，亦無義可言。但後人卻把桃園三結義，實實在在的與公正、誠信捆綁在了一起。披閱三國歷史，我之所見，卻是劉關張這三人的嗜殺成性。一個社會，把嗜血者標榜為義之楷模、仁之典範，僅僅因為劉備是漢室苗裔？僅僅因為劉關張是歷史的所謂正臉？倘然，便全無原則與判斷。尤其學界，把劉關張之仁義，美化為傳統社會。延伸義就是，傳統便是好的，因而要發揚廣大；反傳統則是離經叛道的，因而要撻伐滅跡。當這些歷史垃圾成為價值觀的時候，這個民族在精神層面就很難再有長進。這樣的民族，窮則窮凶極惡，富則為富不仁。為什麼？因為他們把無恥當正義。

關羽身在曹營那會兒，曾與張遼談及去留問題，他的態度當時很明確：「我受劉將軍厚恩，誓以共死，豈能違背。實說吧，我是絕對不會留在曹營的。」關羽在這裡所說的劉將軍，劉備也。張遼說：「如果劉備已戰死，你又怎麼辦呢？」關羽說：「那我就追隨劉將軍於地下。」這大約就是關羽「義」之所來。這是義嗎？當然不是。是什麼呢？我認為這很「二」。

何謂「二」？劉關張拜把子，關羽行二。關羽愚蠢且傻愣。這類性格的人，生活中常見。形容他們的時候，一句「愚蠢且傻愣」很拗口，也很笨拙。也不知是哪位聰明人，一個「二」字，便將這類人全總結了。恰好《水滸傳》裡有個牛二，也行二，亦愚蠢傻愣，進而強化了「二」的貶義。久而久之，人們便習慣了「二」的這種延伸意涵。之後，又演化出二貨、二球、二楞子、二不愣登、傻二等一堆與「二」有關的貶義詞，皆旨歸一個「蠢」字。

桃園結義的三兄弟發誓說，雖不能同年同月同日生，但願同年同月同日死。三人之中，二楞關羽先死了，也不見劉備與張飛，即刻追隨於地下。「但願同年同月同日死」如果只是說辭，那麼中國人的結義、拜把子，顯然就是虛偽透頂的把戲；如果是不容置疑的誓言，顯然，那劉備與張飛就失言失信了。後來的張飛之死，並非為關羽報仇所死，而是死在部下手裡。劉備之死，看似與關羽有關（為其報仇），但那也是三年以後的事，且是病死。那麼，關羽信誓旦旦的要追隨劉備於地下，又有多少真實的成分在裡

面呢？誰也說不準，因為先死的是關羽，而非劉備或張飛。

溫酒豈能斬華雄

同樣是起事的人，再看看曹操，就不同了。董卓亂政，曹操跑回陳留（今河南省開封市一帶），跟他爹說：「如今是一個亂世，正是出英雄的時候。所以，我很想幹番大事。」曹老爺子說：「那你得有個點呀，你的點在哪裡？」曹操說：「爹是說我起事的目標嗎？董卓呀，他現如今是人人爭誅的對象。」曹老爺子說：「有了起事的目標固然很好，問題是，做亂世的英雄，談何容易，你得有本錢才行呀。」曹操道：「爹教訓的是，兒正為本錢的事發愁。」曹老爺子想了想說：「這也不難。你去找衛弘吧，此人是咱陳留的巨富，出了名的仗義疏財。」正史所載，衛弘者，實為衛茲。

曹操遂置酒，把衛弘請到家裡，說了一套匡扶社稷之類的大話、套話，把衛弘感動的直拍腦袋：「咱姓衛的亦早有此心，苦無同道。咱是文不能動筆，武不能握槍，好在薄有家資，可為國出力。」曹操舉杯敬酒，表達感激之情。那衛弘，是以成為曹操起事的出資者。羅貫中對衛弘的描述是「盡出家財，置辦衣甲旗旛」。四方慷慨之士，受衛弘影響，前來為曹操新組建的軍隊送錢送糧。

劉備就無法與曹操相比了，他破落的只有漢室苗裔這麼個幌子。話又說回來，再不濟，那也算是一個政治資本吧。劉關張三人中，關羽最為不濟，一個在逃多年的殺人犯。這是我們所能知道的關羽的前身，除外，別無履歷可供我們參酌。可是，這個人一出場就好生了得，溫酒便把華雄斬。華雄那是誰？乃董卓帳前第一員驍將（驍騎校尉），統軍五萬，人家那是正經八百的將軍。書中說他「身長九尺，虎體狼腰，豹頭猿臂」。孫堅了得，他手下的戰將，個個被華雄殺得落花流水，死傷慘重。你關羽一個在逃犯，溫酒的功夫，就把人家華雄給斬了。瞧這瞎話編的，影兒全無，忒離譜。尤其涉及交戰場面，羅貫中對華雄之勇，著墨尤多，且具體而細緻。描寫關羽斬華雄就不同了，幾乎就是一筆帶過。看看下面的細節吧。

在與華雄的對決中，孫堅大敗，盟軍總指揮袁紹主持軍事會議，分析戰情。這邊的戰情會正焦慮不安的開著，外邊便傳來情報，說：「華雄寨前罵陣，怎麼辦？」袁紹不耐煩道：「沒見這裡正開會嗎？去去去，讓他罵好了。」情報人員說：「罵得忒難聽，

忍不了這個。」袁紹道：「怎麼個難聽法？」情報人員道：「他罵我等皆龜孫子，縮著不肯出戰。」袁紹騰的站起：「誰去滅了此賊？」驍將俞涉說：「小將願往。」結果，出去便掛了；上將潘鳳說：「潘某可斬華雄。」結果，出去也掛了。關羽請戰，溫酒的工夫，竟斬了華雄。

眾人在討論關羽可否擔此大任一節時，寫得聲情並茂，一到關羽戰華雄，便全無情節，乾巴巴一句「馬到中軍，雲長提華雄之頭，擲於地上」。這也未免太假了。正史所載，華雄為孫堅所斬。從小說的角度，移花接木為關羽斬華雄，也無不可，但須符合邏輯。羅貫中美化關羽，到了無以復加的地步。

瞬間豈能斬顏良

曹操率軍攻打小沛，駐紮在那裡的劉備，丟下妻小，落荒而逃，前往冀州，投奔袁紹。桃園三結義中的另外兩人，張飛逃亡芒碭山，關羽投降曹操。這正是：

哥們本是同林鳥，
大難來時各自飛。

飛到袁紹麾下的劉備，日夜寢食不安。袁紹安慰說：「我知道你的老婆孩子陷入敵營，結義的兄弟又不知下落。你且安心，待我拿下許昌，你失散的老婆孩子和結義的兄弟，沒準就都回來了。」劉備說：「倘然，甚好。攻打曹賊，劉某願效犬馬之勞。」袁紹大喜，不日即譴大將顏良作先鋒，進攻白馬，也就是今天的河南滑縣東北一帶。

曹操得到情報，親率大軍，前往迎敵。到得陣前，曹操見顏良精兵十萬，陣勢不凡，為之駭然。曹操不敢輕敵，派呂布舊將宋憲與之PK。宋憲雖為猛將，卻不敵顏良武功，僅三個回合，便被顏良斬於馬下。曹操大驚：「真勇將也！」那是誇顏良來著。我為什麼在此強調曹操對顏良的讚美呢？因為後邊有重頭戲要出場。曹營裡的魏續不忍戰友被殺，請戰迎敵。曹操同意了，結果，魏續也是白給，被顏良斬於馬下。曹操神情緊張，問道：「誰還敢迎戰？」徐晃挺身而出，曹操急令其應戰，他不是要找回什麼面子，而是急於要穩定軍心。徐晃出馬，與顏良大戰二十回合，以失敗告終，諸將栗然。

曹操見勢不妙，下令收軍，顏良亦引軍退去。

上述情節說明什麼呢？說明顏良絕對是一員虎將，標準的軍中人物。結果呢？投降曹操的關羽一出場，即斬顏良，就如同溫酒斬華雄那樣簡單。我就納悶，一個近乎常勝將軍的顏良，在一個半路從軍的關羽面前，竟如此不堪一擊！然陣前的一個細節，被很多人忽略了，那就是關羽在與顏良作戰時，偷襲了人家。換句話說，關羽斬顏良，純粹是撿便宜罷了。

過程是這樣的，曹操連折兩員大將，心裡便有些發怵，是以請出關羽。一向目中無人的關羽，當仁不讓，來到陣前。曹操指指顏良所排的陣勢，對關羽說：「你看那河北人馬，竟如此了得！」關羽一臉的不屑：「叫我看來，不過是些土雞瓦犬而已！」曹操所言，據實也；而關羽所言，浮躁也。在關羽眼裡，連打勝仗的袁紹部隊，竟如土雞瓦狗。土雞就不說了，瓦狗什麼意思呢？我的理解就是，如泥瓦製品一般的狗。我們不知道，那到底是羅貫中的刻薄，還是關羽的輕浮。總之，小說中的關羽，完全一副小人得志的嘴臉。

曹操又指著袁紹的人馬說：「將帥布列，旌旗節鉞，人如猛虎，馬似毒龍，其勢壯哉！」關羽蔑視道：「猶金弓玉矢耳！」意思都是些金枝翠葉，中看不中用。曹操指指敵方陣營，又道：「麾蓋之下，威嚴的持刀立馬者，乃顏良也。」關羽舉目看了看，遂道：「我看顏良，形同插標賣首的人，有什麼好怕的！」曹操提醒道：「不可輕視。」關羽道：「關某雖說不才，願去萬軍之中，取顏良首級來獻。」讀者留意下面這段描述：

> 公奮然上馬，倒提青龍刀，跑下土山，將盔取下放於鞍前，鳳目圓睜，蠶眉直豎，來到陣前。河北軍見了，如波開浪，分作兩邊，放開一條大路，公飛奔前來。顏良正在麾蓋下，恰欲問之，馬已近前，雲長手起，一刀斬顏良於馬下。中軍眾將，心膽皆碎，拋旗棄鼓而走。雲長忽地下馬，割了顏良頭，拴於馬項之下，飛身上馬，提刀出陣，似入無人之境。河北兵將未嘗見此神威，誰敢近前，良兵自亂。曹軍一擊，死者不可勝數，馬匹器械搶到極多。關公縱馬上山，眾將盡皆稱讚。公獻首級於曹操面前。（〈雲長策馬刺顏良〉）

這段文字有毛病嗎？有，不細心是看不出來的，內裡有一句令人摸不著頭腦的話，叫做「顏良正在麾蓋下，恰欲問之，馬已近前」。顏良一走神，被關羽揮刀砍死。顏良想問關羽什麼呢？在「公獻首級於曹操面前」之後還有一段文字，在「尊劉抑曹」版本的《三國演義》裡，被刪除了。恢復如下：

原來顏良辭袁紹時，劉玄德曾暗囑曰：「吾有一弟，乃關雲長也，身長九尺五寸，鬚長一尺八寸，面如重棗，龍鳳眼，臥蠶眉，喜穿綠錦戰袍，騎黃驃馬，使青龍大刀，必在曹操處。如見他，可教急來。」因此顏良見關公來，只道是他來投奔，故不準備迎敵，被關公斬於馬下。

關羽提著顏良的人頭回來，曹操讚他「將軍神威也」！關羽那叫一個嘚瑟[3]：「這有什麼！我弟燕人張翼德，於百萬軍中取上將之頭，如探囊取物。」這叫一個吹！張飛不就是一個屠夫嗎？即便你關羽，不搞偷襲，豈能斬顏良？他還自以為蓋世英雄。寫到這裡，為顏良一哭！還好，書中有詩，多少為顏良說了點公道話，詩曰：

千萬雄兵莫敢當，
單刀匹馬刺顏良。
只因玄德臨行語，
致使英雄束手亡。

再後面的關羽斬文醜，也自不用說，斬得輕巧。問題是，那文醜畢竟是河北名將呀，他在陣前都把張遼、徐晃殺得丟盔卸甲，那關羽算什麼？然而，關羽照樣把文醜給滅了，滅得不費吹灰之力。而正史所載，誅文醜者，曹操也。羅貫中如此移花接木神化關羽，十分令人生厭。

心比針眼小

儘管羅貫中對關羽讚許有餘，但仍掩飾不了其人格缺點。這裡，僅就關羽心比針眼

小，做一個籠統的表述。先說他投降曹操一節。你投降就投降唄，他還酸溜溜的，說什麼「降漢不降曹」。曹操都挾天子令諸侯了，這天哪還有什麼漢不漢的？曹操可算三國裡了不起的人物，有文才，懂軍事，善政治。曹操除了缺德（我們將在《曹操不德》一節詳述）以外，幾乎就是那個時代的全才。曹操心想：「這關羽，真個小雞肚腸之人，什麼降漢不降曹的？他難道不知道漢既我，我既漢嗎？」曹操雖暗譏關羽，但表面上，卻欣然應允：「就依雲長所言。」曹操是現實主義者，他注重行為與結果，甚於意識形態那些虛無縹緲的東西。

下面再說說封侯一節。關羽斬顏良，從作戰的角度說，這就是立下戰功了，理應獎賞。曹操表奏朝廷，封關羽為壽亭侯，並將鑄印，使張遼送去。那印上篆刻「壽亭侯印」四個大字。關羽偷襲顏良，本身就是不義之舉，可他就此獲得能征善戰的美名，且封了侯。這便宜，大了去了。可關羽心眼極小，看了看印，什麼也不說，就是不接受。這叫一個陰！

前去送印的張遼，不知道關羽葫蘆裡賣的什麼藥，悻悻而回。張遼跟曹操彙報的時候，也是一個千不明萬不白：「關將軍怪怪的，面無表情，把玩了一下侯印，什麼也不說，又還到我手裡，不知是個什麼意思？」曹操一聽就明白了：「是我有失計較，以致如此。」遂教工匠把「壽亭侯印」幾個字銷去，另鑄「漢壽亭侯之印」六個字，再使張遼送去，那關羽便欣然接受。

「壽亭侯印」究竟與「漢壽亭侯之印」有什麼不同呢？加個「漢」字，你就是漢室之侯，而非曹操之侯了嗎？人人都看得明白，你關羽這個侯，分明就是曹操所賜嘛？你寄人籬下——不是漢室之籬下，而是曹操之籬下。那麼，侯印上的那個「漢」字，還有什麼實際意義？這不表明關羽具有原則性，僅僅表明，他斤斤計較，心眼比針小。與曹操大開大合的性格比，那關羽之所為，直如婦人。

關羽掛印離開曹營，去找他的劉備哥哥。曹操不舍，半途趕來，送上錦袍一領，以示紀念。關羽也不下馬，用青龍刀尖挑卻錦袍披於身上。他怕什麼？你不是斬華雄、斬顏良、斬文醜，斬這個斬那個的無敵英雄嗎？還怕個曹操？這只能證明，關羽這個人，心理極度陰暗。

就說劉備引軍入樊城那年吧，縣令劉泌出迎。劉泌乃長沙人也，亦是漢室宗親，遂請劉備到家宴飲。時有劉泌的外甥寇封，侍立於側。劉備見寇封英俊可人，說話敞亮，

便不由的心生愛意，遂問劉泌：「這棒小夥是何人？」劉泌答道：「外甥寇封是也。」劉泌招呼寇封：「快快近前拜見將軍。」寇封給劉備深鞠一躬：「將軍多多賜教。」劉備那個高興：「嘿，這小夥，要模樣有模樣，要精神有精神。」劉備對寇封，那真是，橫看豎看，就是一個喜歡。劉泌也來了精神：「這孩子，雖說年紀不大，但武藝精熟，倒是軍中好苗子。」

劉備吞吞吐吐道：「備有奪人之愛之意，不知泌兄可否割愛？」劉泌不能確定劉備如何個奪愛，追問道：「將軍的意思是？」劉備道：「我欲將寇封過房為嗣。初次相見，做如此非分之想，是不是太自私了？」劉泌道：「哎，說哪裡的話，都是一家人，什麼非分不非分，我們高攀還不及呢。」說完，就叫寇封過來拜劉備為父。寇封欣然，跪地叩頭。這叫一個迫不及待！從此，寇封喚作劉封。二二〇年六月，劉封領軍戰敗，回到成都，入見漢中王劉備，哭拜於地，細奏敗事。劉備把關羽戰死的事，怪罪於劉封不施於援手。在孔明的慫恿下，將其斬首。孔明的意思，並非劉封戰敗，而是因為他極其強悍，當下不除，日後必奪劉備親兒子的大位。這是後話。

但說劉備認劉封為義子那天，帶回住所，令其拜關羽、張飛為叔。關羽聞言，那叫一個不高興，他攔住劉封：「孩子，別忙著拜我。」遂一臉不快，對劉備道：「關某弄不明白，兄長自己有兒子，又何必半路弄個別人家的兒子回來？這樣，將來是要生亂的！」劉備也極為不快，駁斥道：「雲長何故干預我的家事？我待這孩子為兒子，這孩子待我為父親，何亂之有？」關羽指指劉備，又指指張飛，再指指自己，怒道：「咱仨一個頭磕到地上，那就是一家人。這會子，怎麼又成了兄長的家事，而不是我們的家事了呢？」說完，悻悻而去。劉備視而不見，遂對劉封道：「愣著幹什麼，還不快拜見你張叔。」張飛來不及攔，劉封已跪倒在地。張飛扶起劉封：「孩子請起。往後就是一家人了，別這麼客氣。」張飛對劉備道：「二哥一時轉不過來，我去勸勸。」說著，出門去了。羅貫中寫到這裡，說劉備與關羽的關係，點了一句「此是結怨處」。

劉關二人的真正結怨處，應在劉備知道關羽投降曹操那會兒。劉備給關羽寫了一封信，信是這樣寫的：

備嘗謂古人，恐獨身不能行其道，故結天下之士，以友輔仁。得其友，則益；失其友，則損。備與足下，自桃園共結刎頸之交，雖不同生，誓以同死。今何中道

割恩斷義？君必欲取功名、圖富貴，願獻備級以成全功。書不盡言，死待來命。

（〈關雲長封金掛印〉）

劉備這封信，無異於罵關羽：你這混蛋呀，全無古人獨善其身的作為，賣主求榮，我怎麼會結交你這種不仁不義的東西。算了算了，把我的腦袋割下，叫人給你送去，你捧著刎頸之交的頭顱，快到曹賊那裡領賞去吧。

關羽看了信，痛哭流涕。也可見，劉備亦無容人之心。劉備與關羽這倒對脾氣，小心眼對小心眼。

再說幾件關羽心胸狹隘的事。話說這天，劉備與孔明議事，忽報關平來謝所賜金銀之事。劉備賜酒與關平，問其父，帶什麼話來沒有。關平說：「父親聽說馬超武藝過人，要入川，來與他一比高低。我臨走前，父親囑咐，務必把這個意思稟告伯父知道。」劉備大驚：「若雲長入蜀，與馬超比試，定然勢不兩立，這可如何是好？」孔明說，何須擔心，如此如此，這般這般，化解了事。

二一九年，劉備自立為漢中王。劉備封賞手下，其中就有五虎大將，關羽自然是其一。當關羽聽說黃忠亦為五虎大將之一時，竟不接受此銜。馬超不能比他強，黃蓋亦不能與他比肩。關羽就是這麼一個心胸狹窄的人。

為吳蜀聯合抗曹，諸葛瑾給孫權出了一個主意，說：「我聽說關羽膝下有一子一女，其女幼小，未曾婚配。我願到荊州走一趟，與主公世子求親。若關羽同意這門親事，咱們就與他計議共同破曹一事；若不同意，再做別的打算不遲。」孫權納言，遣諸葛瑾為使，到荊州提親。關羽性如烈火，聞言大怒：「虎女安肯嫁犬子！也不讓孫權撒泡尿照照，自己是個什麼貨色！」

諸葛瑾文弱之人，見關羽如野獸般暴跳如雷，趕緊把話收回：「關將軍息怒，就當我什麼話也沒說。」關羽依舊怒不可遏：「老匹夫，快滾！關某若不看你弟弟之面，立刻將你的頭扭下來去餵狗！」遂喚左右：「把這老匹夫給我趕出去！」

諸葛瑾回見吳侯孫權，不敢隱匿，一一照實稟告。孫權大怒：「嘿，你關羽不同意這門親事倒也罷了，何以如此無禮，羞辱本侯。」遂下定決心，攻打荊州。關羽自此走到「前有吳兵，後有魏兵」的困局之中，被東吳擊敗，最終落得個斬首的淒慘下場。

孔明不才

放手窮賭

在我的印象中，和諸葛孔明有關的故事，全為智謀。就連影視劇中的孔明，統統老態出鏡（彷彿他不曾年輕過），無外乎烘托其智者形象。一句話，孔明這人，聰明過人，蓋世無雙。你看看，他人都死了，還遺計嚇退司馬懿大軍、遺計殺了魏延，你說這得多大智慧才辦得到？然細細揣摩，卻發現孔明並無長處。

首先說說孔明的前身。出道之前，孔明在南陽和弟弟一塊種地，因此，後來的人誰若罵他，就斥之為「南陽田夫」。因緣際會，劉備找到孔明，請他出山，一塊鬧事去。

反正也是天下大亂，不鬧白不鬧，沒準就鬧出名堂來了。孔明看清了局勢，決定跟劉備出去鬧一鬧。出遠門前，他囑付弟弟說：「我受劉皇叔三顧之恩，不容不出。你可在家老老實實務農，休得荒蕪了田地。待我功成之日，即當歸隱。」

所謂「人在江湖，身不由己」，孔明一旦走出農耕生活，他的心就再也收不住了，比如他竭力慫恿劉備自立漢中王、稱帝，目的也不過跟著尊享富貴；尤其劉備稱帝，那一國丞相之尊，非他莫屬。劉備三顧茅廬，孔明才出山，為什麼？他在權衡，我是跟著劉備幹呢？還是投奔曹操袁紹他們呢？天下軍事強人很多，劉備總共也才幾千人馬，算不得軍閥，頂多也就是一個流寇、一小撮匪幫。孔明屬意曹操袁紹等級的軍閥，但人家並不知南陽臥著孔明這麼一號龍。再說，曹操本身就是智勇雙全的人物，就是知道世間有孔明，也未必就看得上他；看得上，也未必用他，楊修就是很好的例證。誰能看上孔明呢？就只有落魄的劉備。孔明也著實沾酸拿醋，擺架子、甩臉子，折騰劉備。你同意就同意，不同意就不同意，何必折騰人家。話又說回來，不玩神祕感，怎麼顯出孔明的奇貨可居來？中國人的理念是，越是難以勞動大駕的，便越是牛人。本來無才的一個人，只要擺譜、沾酸拿醋，嘿，那賤骨頭便越發的看中你、抬舉你、力捧你。孔明也頗

自以為是，以為自己丞相了，本來無才，也變得有才了，於是，大動干戈，六次北伐。你知道他這是什麼意思嗎？他這是雄心勃勃，要做統一中國的丞相。離這個目標還差十萬八千里呢，他就死在了北伐的路上，跟他弟弟所說的歸隱，也就成了一句空話。

雖然在〈劉備不仁〉一節，說到劉備三顧茅廬的過程，這裡再從孔明的角度，把鏡頭重播一下。劉備來到莊前，扣動孔明家的柴門。書童開門，劉備說：「有勞仙童轉報，劉備專來請見。」酸不酸？劉備竟然稱孔明的小僕人為「仙童」。僕人都成仙了，那僕人伺候的主子，豈不就是大仙了？書童也是人，也喜歡人家奉承他。書童心想：「哎吆，真有這姓劉的，連咱書童的馬屁都拍。這叫一個低調做人，以後咱可跟人家學著點。」想到這裡，態度不似從前僵硬，客氣道：「雖然師傅在家，但現在還睡著呢。你看……」他把球踢給劉備，讓劉備決定怎麼處置。前面劉備兩顧茅廬，孔明假裝不在家，表示他一個莊稼人很忙，忙得沒時間種地，忙得他滿世界瞎轉悠。沒人請孔明去指點江山，也不知他這南陽農民，瞎忙個啥勁兒。

劉備一聽，那叫一個樂，心想：「哎，這會兒總算把大仙堵在草堂上了，咱總算可以得睹大仙之天顏了。」劉備吩咐關羽、張飛，說：「你倆哪兒也別去，就在門口等著，我進去，親自等著先生醒來。」書童挑起門簾，劉備貓步而入。見孔明仰臥於草堂幾榻之上，劉備不敢驚動二十六歲的大仙，叉手立於一側。劉備心想：「咱好心來請你，你卻三番五次的裝睡。這會兒，咱守著你，看你裝睡到幾時，咱耗著吧。看誰耗過誰。」羅貫中敘述這段，也很有意思：

將及一時，先生未醒。玄德凝望堂上，見先生翻身，將及起，又朝裡壁睡著。童子欲報，玄德曰：「且不可驚動。」又立一個時辰，玄德渾身倦困，強支不辭。孔明翻身，問童子曰：「曾有俗客來否？」（〈定三分亮出茅廬〉）

我們且來分析一下這段有趣的文字。一、將及一時，孔明裝睡未醒；二、孔明仰臥不住，翻身朝裡，繼續裝睡；三、又過一個時辰，孔明再翻身，裝作從夢中醒來，問書童：「曾有俗客來否？」

哇！瞧孔明這通裝，這通酸，直逼東漢開國時的嚴子陵。我們想想，這時的孔明，才二十多歲，就這麼世故！劉備當孔明這年輕人為大仙，孔明當劉備這四十多歲的中年

人為俗客。

孔明裝睡，知道劉備等他從裝睡中醒來；劉備也知道孔明裝睡，大約覺得，孔明那是在測試他，看他心誠不誠。所以，兩個虛偽的人都在裝。至於劉備誠不誠，孔明早看在眼裡。問題是，他要不要跟著劉備去鬧事，他倒想著攀高枝來著，可高枝難覓，眼下他只有劉備這一個落地的乾癟枝椏。是個機會，但這麼一個落魄的人，幾千人馬，如何鬧出大動靜？如何名垂青史？反復想了想，孔明認為，只有劉備的「皇叔」這個頭銜，倒可一用。於是，他決定出山，決定去賭一把。賭什麼呢？就賭皇叔這個頭銜。你看看，劉備窮得，只剩下皇叔這頂破帽子了。

皇叔這頂破帽子，可以招搖撞騙，可以籠絡呆頭呆腦的人去幫他們打天下；皇叔這頂破帽子，雖然四處破洞，難以兜風，也只好拿來一試。所以，才成其為賭。二十一世紀的中國貪官，動輒幾億的去澳門賭，那叫豪賭。孔明拿皇叔這頂破帽子去賭，那叫窮賭。這也叫押寶。歷史證明，孔明果真用皇叔這件押寶，為劉備賭來一個天下——蜀國。天地雖說不大，但可稱國；立世雖說不長，但可入史。而孔明為自己賭來的，則是一國的丞相。這叫一個點石成金！試想那孔明，不押寶皇叔，說不定他還在南陽種地來著。結局如果是繼續務農，那孔明便永遠是臥之龍了。再有學問，不也被埋沒了嗎？誰說是金子總會發光？你把金子埋在土裡，它哪裡去發光？孔明並非一無是處，此人的政治眼光，便遠遠高於他的軍事才能。

下作之作

孔明氣死人，那是有名的。歷史事實怎麼樣我們先不去說，至少羅貫中讓他在《三國演義》裡的表演如此。如周瑜、如曹真，都是被他的小人伎倆給氣死的。先說周瑜之死。二一〇年十二月初三，三十六歲的周瑜仰天長歎：「既生瑜，而何生亮！」連叫數聲而亡。周瑜這絕命一呼，成為歷史典故。

孫權聽得周瑜死，哭絕於地。孔明卻笑道：「周瑜死矣！」這是何等的不厚道。孔明氣死周瑜，且有恃無恐地去上門弔喪，可謂欺人之甚。我們實在不明白，羅貫中何以如此刻畫孔明。正史中的周瑜，並非羅貫中所寫的氣量狹小（劉備評價其器量廣大；陳壽評價其性度恢郭），他虛構周瑜被氣死，無非用以襯托孔明之智慧罷了。

再說曹真之死。二三〇年八月，孔明屯兵於祁山，聽說曹真因與司馬懿賭輸贏，不想兵敗，羞慚成疾。於是，計上心來。出自孔明之手的計策，多為陰損爛招，這回也不例外，他召集部將，自以為是道：「若曹真病輕，必回長安。今魏兵不退，必為病重，故留於軍中，以安眾人之心。我寫一封信，教降兵帶給曹真，他若見了，必然氣死。」孔明說這話時，臉都不會紅一下。帶兵打仗的人，應以智勇取勝為榮，以陰損刻毒為恥。孔明既然以智者自居，何以以氣死人為最大能耐？後世醜類，何以為孔明的下作之舉謳歌？這是何等的人格扭曲，又是何等的價值觀扭曲！

孔明把信寫好，遂喚降兵至帳下，他語重心長道：「你等皆魏軍，家在中原，那裡有你們的父母妻兒，所以，不宜久居蜀中。出於體恤，今放你等回家，以為如何？」降兵齊刷刷跪倒一地：「謝丞相不斬之恩！」孔明道：「你等請起，我還有話要說。」

降兵泣淚拜謝，一一站起。孔明道：「你等不必客氣，我這裡有一事相托，不知各位可否盡心為之。」降兵道：「我等願誓死效力。」孔明道：「如此便好。」說著，從案幾上拿起一封信，說道：「你們的主帥曹子丹④與我有約，你們可把這封信帶給他看。」降兵接過信，孔明複又囑咐道：「不可洩露於人，壞我等大事。」降兵聞聽，皆面面相覷，心想：「怪不得我等被捉，原來主帥通敵。」一個個面色凝重，如喪考妣，離開蜀軍營區。

降兵回到本部營區，見了司馬懿，如此這般，表述一番。孔明自以為是的小把戲，被司馬懿一眼看穿，他笑道：「嘿嘿，這分明是南陽田夫的離間之計，本帥豈能上當。」遂傳令，加強警戒，號召將士，勿信謠傳謠，團結一心，一致對外。這是說司馬懿研判形勢，準確到位。曹真就沒有這種大將風度，他接過孔明的信，但見上面寫道：

> 漢丞相、武鄉侯諸葛亮，致書於大司馬曹子丹之前：竊謂夫為將者，日就月將，能去能就，能柔能剛；能進能退，能弱能強。不動如山嶽，難測如陰陽；無窮如天地，充實如太倉；浩渺如四海，眩耀如三光。預知天文之旱澇，先識地理之平康。察陣勢之期會，揣敵人之短長。嗟爾無學後輩，上逆穹蒼；助篡國之反賊，稱帝號於洛陽；走殘兵於斜谷，遭霖雨於陳倉。水陸困乏，人馬猖狂。拋盈郊野之戈甲，撇棄滿道之刀槍。都督心崩而膽裂，將軍鼠竄而狼忙！無顏見關中之父老，何面歸相府之廟堂！史官秉筆而記錄，百姓眾口而傳揚：仲達[5]聞陣而惕

惕，子丹望風而遑遑！吾軍兵強而馬壯，大將虎奮以龍驤；掃秦川為平壤，蕩魏國作丘荒！天書既下，速來歸降！（〈孔明祁山布八陣〉）

曹真看罷，怒氣塞胸，至晚死於軍中。司馬懿用兵車裝載曹真遺體，差人送回洛陽下葬。話說，這已是二三一年的事了。曹真去世後，謚為元侯，由其長子曹爽繼承爵位。第三章，我們將專節說到曹爽，這裡暫且不提。

魏國皇帝曹叡，追思曹真之功，下詔說：「大司馬一生忠孝節義，輔佐二祖，對內，不因自己是皇親而邀寵；對外，也不鄙視貧寒之士，真可謂是守成業、忠職守、道德高尚之人！」是以分封曹真的五個兒子為列侯。曹真與國與家，可謂功德圓滿。至於羅貫中渲染他是被孔明氣死的，也不過是小說家言罷了。

孔明氣死人，還算是小伎倆，他羞辱敵方人員，可算下作之作。蜀軍捉魏軍九十三人，孔明下令，將這些人的衣服盔甲脫了，以墨塗面放回。司馬懿見了，大受其辱。急切與慌亂之中出戰，遭至慘敗。孔明就要這結果。司馬懿接受教訓，堅守不出。孔明急了，差人給司馬懿送去婦人的衣服並書信一封，再次予以羞辱。孔明在信中說，那司馬懿，你也講講那禮義廉恥好不好？你既為大將，統領中原之兵，不思進去，卻像個烏龜似的，躲在土巢裡不出來，這與寡婦何異？！

司馬懿看畢，心中大怒，卻佯笑道：「視我為婦人？且受之！」使者回到五丈原（今寶雞岐山境內），見了孔明，說司馬懿受了巾幗之衣與書信。孔明急切問道：「司馬懿有何反應？」使者說：「看不出什麼反應，只是問了問丞相的作息及飲食。」孔明大吃一驚：「你怎麼回答的？」使者道：「我並不知道司馬懿何意，就照實說了，諸如丞相嘔心瀝血，飯量不大等等。」孔明臉色煞白，忙問：「那司馬懿如何說？」使者道：「司馬懿說，食少事煩，豈能久乎？」孔明歎道：「司馬懿把我肚裡的那點祕密，全窺探去了。好個司馬懿！」

僅就孔明羞辱司馬懿而言，他的本意是想激怒司馬懿，讓他出來應戰。不想，適得其反，司馬懿反而堅守不出了。毛宗崗譏諷司馬懿，說「堅守不出，是他看家拳」。此論謬矣。此時的司馬懿出戰，才是愚蠢。他不上孔明的當，正說明他的睿智。事實表明，孔明六出祁山，寸土未得，即已證明，孔明才是六出祁山的失敗者。戰爭注重結果，而不以過程論輸贏。

與司馬懿的大度比，孔明顯得猥瑣至極；與司馬懿的老謀深算比，孔明顯得稚嫩而膚淺。但孔明與司馬懿留給後世的印象，卻正相反。司馬懿給人的印象是，老奸巨猾、小心謹慎；孔明的形象，則是足智多謀。宋朝的洪邁，著有《容齋隨筆》，其《諸葛公》一篇，就極盡美言：

諸葛孔明千載人，其用兵行師，皆本於仁義節制，自三代以降，未之有也。二十餘年之間，君信之，士大夫仰之，夷夏服之，敵人畏之。魏盡據中州，乘操、丕積威之後，猛士如林，不敢西向發一矢以臨蜀，而公六出征之，使魏畏蜀如虎。……司馬懿年長於公四歲，懿存而公死，才五十四耳，天不祚漢，非人力也。

洪邁的意思是，孔明未能統一中國，不是他無才，而是天意如此。這樣說，何其偏頗！清醒與客觀者都知道，孔明善於內政，而拙於軍事，比如他在軍事方面的用人，屢有不當，如將荊州託付關羽，街亭託付馬謖，糧草託付李嚴，結果大家都看到了，全是致命的人事安排。孔明恃才傲物的疏狂，導致他軍事上一敗塗地。孔明犯蠢，揚短避長，是以心力交瘁，死而後已。

曹操不德

白臉之下

中國歷史人物的臉譜化，尤體現在京劇中，如白奸詐、紅忠勇、黑威猛、藍妖異、金神靈。曹操就是這京劇裡不變的白臉。一九八〇年代，中國人形容誰是小白臉，如同今天說誰是小鮮肉，完全是人見人愛的角色。到了京劇中說誰白臉，那完全是壞人的專利呀。倘若問誰，你在戲裡演什麼角兒呀。回答說，演白臉的。聽的人就知道，那是演壞人的。回到實際生活中，人可就複雜多了，看那人明明是紅臉，可內裡一肚子壞水；那人面相明明挺嚇人，可內裡卻是古道熱腸。專制社會，表裡不一的人，比比皆是。人為什麼要這樣？他要生存呀，不這樣就舉步維艱。所以，壞的制度，往往把好人變壞；則壞人，壞上加壞。

說曹操來著，卻延伸出這麼多話題。那曹操白臉不假，但若比起新專制主義者來說，他不知要謙謙君子到哪裡去。這是何等奇妙的一種比較法。所以，我們必須把新專制主義者拋到腦後，專心來說說曹操之不德。否則，曹操之不德也就無從談起。何謂不德？就是缺德唄。

從哪兒說起呢？說曹操之不德，最最著名的，當屬他的那句：「寧我負天下人，休教天下人負我。」這叫一個流氓。做人的底線是，你可以不對天下人好，最起碼也不要害天下人。到曹操這裡，他負了天下人，卻不允許天下人負他。這與「只許州官放火，不許百姓點燈」，如出一轍。這類例子，在新專制主義時代，俯仰皆拾。你看看，我說著說著，又跑到當下來了。為什麼？我熟悉當下呀，曹操那點陳穀子爛芝麻，不過歷史陳跡，且有斧鑿痕跡，很多事無法去證實。而今天的專制者，他們為害天下的事，樁樁件件，歷歷在目，且有據可查。所以，我們談曹操之不德，努力挖掘，也不過點滴而已。

那麼，曹操的「寧我負天下人，休教天下人負我」，又是怎樣的一個背景呢？雖家喻戶曉，但我還是想在此簡略的複述一遍。三國時代，第一個挾天子以令諸侯的人物是董卓，曹操與袁紹等謀反事敗，逃之夭夭，董丞相下令，予以通緝。這裡只說曹操，他日行夜住，逃至譙郡。路經中牟縣（今河南省鶴壁市山城區一帶）時，曹操被捕。縣令陳宮審問曹操：「我聽說丞相待你甚厚，何故背叛？」曹操說：「燕雀安知鴻鵠志！」意思是，咱是大鳥，不是你眼裡的小麻雀，說了你也不懂。

陳縣令那叫一個不服氣：「咦，說甚哩。你可不要小瞧咱，咱亦有大鳥之志。」意思是，你中央政府來的幹部是大鳥，可咱這小小縣幹部，心懷漢朝，也不是什麼小鳥哩。兩個人哪是在鬥氣，完全是在鬥鳥嘛。

曹操心想：「一個小小縣令，竟然在我面前顯擺。我就是被捕，氣勢上也絕不能輸人。」遂說：「我乃相國曹參之後，祖祖輩輩，食漢祿四百年，不思報本，與禽獸何異。我屈身董賊，實為打入敵人內部，伺機與國除害。不料，走漏消息，事敗。此乃天意也！」

瞧瞧曹操這家世了得，人家那是曹參後人。用今天的說法，曹操那是官X代。官的兒子，永遠是官；賊的兒子，永遠是賊。這話在中國，好像還是有幾分道理的。你看看今天的中國官場，幾乎就是官二代、官三代、官X代的天下。官方消息證實，布小林出任內蒙古自治區主席。⑥布小林為原內蒙古自治區主席布赫之女，原內蒙古自治區主席、國家副主席烏蘭夫孫女。一家三代，主政內蒙古，是怎樣的一個政治生態與政治倫理，又是怎樣的一脈相承，一眼即明，不說也罷。

回頭再說曹操。他這個官X代，不管怎麼說，還是有真才實學的，不似今天的官二代官X代（實為貪二代貪X代），他們除了貪汙腐化、奢侈糜爛以外，別無長處。可是我們又不得不說，曹操的先輩雖說做過漢朝開國的丞相，然那曹參，也實在廢物一個。看看拙著《漢室江山興衰史》吧，那本書裡的曹參曹丞相，直接就是一個無所作為的蠢物。但誰會管這些呢？在專制社會，人不在蠢，有權則靈。所以，縣令陳宮一聽說曹參，哇塞，眼前這位竟然是名人之後、先總理之後、老一輩無產階級革命家之後，這人一定有前程。於是乎，縣令也不幹了，連夜收拾行李盤費，與曹操走上反董卓之路。

陳宮真的沒有走眼，曹操這人日後如他的祖先曹參一樣，做了東漢末年的丞相。一家出了兩個政府總理，這門庭光耀的，那叫一個讓人羨慕。不同的是，曹參那丞相，完

全是一個無所事事的蠢物，而曹操恰恰與之相反，施展政治抱負，一向大刀闊斧，事業有成。這曹操，文學一把好手，行政一把好手，軍事一把好手。試想，沒有曹操的這幾手，尤其沒有他的開拓性格，他的後人曹丕，何以締造一個新帝國呢？

扯遠了。繼續說曹操與陳宮的逃亡之路吧。這二人至成皋，天色向晚，曹操與陳宮，借宿呂伯奢（曹父結義弟兄）家。呂老先生款待曹操，上驢去買酒，他卻誤以為人家去告官，不問青紅皂白，殺死恩人八口。然後發現是一場誤會，嚇得二人慌忙而逃。路上碰到打酒回來的呂伯奢，怕人家恨他，也拔劍將呂伯奢斬於驢下。陳宮搖頭，歎息不止：「這也未免太過了！」曹操卻說：「寧使我負天下人，休教天下人負我！」曹操這句頂風臭八里的名言，本節開篇就說過了。後晉的恒溫，曾對曹操這句令萬代唾罵的惡言加以評論，說：

雖不流芳百世，
亦可遺臭萬年。

後世無恥者，把恒溫這兩句評論，捧為至寶。意思是，當不了流芳百世的好人，退而求其次，做個遺臭萬年的壞人也不錯呀。曹操之不德所起的破壞作用，遠比他殺呂伯奢一家大多了。

曹操之所為，令陳宮大跌眼鏡：「我的老天爺，見過耍流氓的，沒見過這麼耍流氓的。」於是，連夜溜走。就是這個陳宮，後來投在呂布麾下。山不轉水轉，曹操拿下呂布、陳宮，曹操坐在門樓上，使人押過陳宮來。曹操說：「公台別來無恙！」意思是，你當時怎麼連個招呼都不打，就偷偷跑了呢？

陳宮說：「我看你這人心術不正，所以才棄你而去。」曹操嘿嘿一笑，說：「你說我心術不正，可為什麼又跑去給呂布做軍師呢？」意思是，呂布那人比我還心術不正（詳見〈呂布不忠〉一節）。陳宮反駁說：「呂布雖然無謀，卻不似你奸詐惡毒。」

曹操譏諷道：「公台自謂智謀有餘，今天為什麼淪為階下囚？」陳宮看了看呂布，恨鐵不成鋼道：「恨此人，不聽我諫言。若依我言，未必被擒！」曹操笑道：「如今你已被捕，公台以為，我如何處置你才好呢？」陳宮不懼結果：「陳某為臣不忠，為子不孝，像我這樣的人，活著又有什麼意義。」完全一副視死如歸的態度。

曹操惋惜道：「公台若死，誰來奉養你的老母親？」陳宮道：「我聽說，以孝治天下者，不害人之親，老母之存亡，在於明公也。」曹操又道：「你的妻兒又怎麼辦？」陳宮說：「我聽說，施仁政於天下者，不絕人之祀，妻兒之存亡，亦在於明公也。」陳宮在此一口一個「明公」相稱，什麼意思呢？這是對曹操的尊稱。帝制時代，稱呼有名望的人，往往如此泛稱。

曹操有留戀之心，陳宮卻求速死，說：「殺了我吧，以明軍法。」遂自己走下樓，那押解的士兵，攔都攔不住。曹操起身泣而送之，陳宮頭也不回，真是一個傻漢子！

行刑前，曹操對部下說：「即送公台老母與妻兒，回許都我的府中恩養，怠慢者斬！」陳宮聞之不言，伸頸受刑，眾皆動容，為之落淚。曹操率部凱旋時，一併將陳宮的棺槨帶回許都安葬。白臉之下的曹操，還有一張為人知曉卻不願認可的紅臉。

主將花心

戰爭中有個說法，叫做：「主將無謀，累死三軍。」一九七年的宛城之戰，又稱

「淯水之戰」，主將曹操累死三軍，這並非源於他的無謀，而是源於他的花心。

當時的背景是，軍閥割據基本形成，袁術在淮南意欲稱帝；孫策脫袁術而據江南；呂布占徐州，張繡占宛城，劉表占荊州。不安分的袁紹與公孫瓚，正決戰河北。野心勃勃的曹操，決定先從張繡下手，開啟統一北方的戰車。這年五月，曹操起兵十五萬，討伐張繡。賈詡勸說張繡，說：「曹操勢力了得，不必石頭碰雞蛋，投降得了。」當然不是這幾句話的事，這裡只能簡其要。張繡果然聽勸，從之。不戰而屈人之兵，曹操那叫一個高興。接下來，就該樂極生悲了。

張繡率部投降，並以地主的身分，每日大設筵宴，把個曹操伺候得美滋滋的。最初的酒席之間，為收攏軍心，曹操親自到降將面前敬酒。行酒時，典韋持大斧立於曹操身後，斧刃直徑尺餘，寒光閃閃。曹操所至，典韋皆舉斧迫視降將，把酒喝了。酒盡席散，張繡等降將，無一人敢仰視曹操。在張繡們來說，可謂是莫大的恥辱。但既然投降，也只好忍氣吞聲。讓張繡決定反水的，是曹操納張濟遺孀鄒氏為妾這件事。

張濟者，張繡之叔也。張濟為董卓部將，其戰死後，由張繡接管了他的部隊，與劉表聯盟，屯兵宛城，也就是今天的河南省南陽一帶。如今，人家張繡投降你曹操了，就

該善待為上。然那曹操，生活上信馬由韁，與鄒氏鬧出緋聞，令張繡蒙羞。

話說這天夜裡，曹操喝多了，躺在床上問勤務兵：「這宛城有沒有妓女呀？」聽聽這話，主將是要嫖娼呀。嘿，曹操那叫一個花心，這什麼地方？這是前線呀，竟然有這等心思。我們不得不說，這就是原本的曹操了，他可謂妻妾成群吧，花花事上，竟不知足。你看他妻妾隊伍裡的卞氏（曹丕之母），就出自娼門。你再看看他的兒子曹丕，竟納袁紹兒媳為妻。可見曹氏父子在花色問題上，是多麼的隨意。

曹操要招妓，手下自然不敢怠慢，誰讓他是主將來著。這要是手下問主將：「城裡有窯子，如今打下天下來了，我們當兵的可否去嫖一嫖。」那為主將的聽了，還不得把鼻子氣歪：「軍民魚水情深，怎麼可以擾民呢？再者說，軍人去嫖娼，豈不破壞了我軍在人民群眾中的光輝形象？再生此想法者，斬！」

會不會是這樣的呢？三國時代的事，猜想一番罷了。但我卻知道毛時代的一些事，比如要消滅資產階級、割資本主義尾巴、抵制腐朽的資產階級生活方式等等。何謂資產階級生活方式呢？比如穿條花裙子，塗個脂，抹個粉、油個頭，粉個面、唱個歌，跳個舞，如此等等，這都是資產階級的，所以要杜絕。毛時代，這些東西在民間，杜絕的那叫一個徹底、乾淨。不徹底、不乾淨也不行呀，犯了資產階級思想、犯了資產階級言行，那是要定罪的，小則大小會批判，大則勞動改造，甚至蹲監獄。這是說人民，領袖們呢？他們當然除外。毛澤東去世前的一九七六年五月，調動一批專業導演拍攝經典才子佳人片，專供毛澤東個人欣賞。⑦那時候普通百姓是不許看才子佳人經典片的，只許看江青搞的那八個樣板戲。

從延安時期（一九三〇年代）開始，到毛澤東們入住中南海，領袖們每天晚上，都有資產階級專屬的舞會。黨的領袖們就像召開常委會那樣，悉數到場，與那些年輕漂亮的女孩子們跳舞。毛澤東的舞伴之一的陳惠敏，以炫耀的筆調，撰文回憶美好時光：「去中南海跳舞，對她們這班女孩有一個實際的好處，就是可以吃一頓豐富的晚餐，富強面和美味的炒菜，外面是吃不到的。」你能想像嗎？那個時候，全中國每天都有大量的人餓死！

我就是通過身邊的歷史，來推測三國時代的，想像那時的士兵，不敢跟主將提出嫖娼的事。曹操不同，他是主將，他擁有嫖娼權。所以，他提出要嫖娼，手下絕不敢質疑，更不敢怠慢。曹操的侄子曹安民，為其生活秘書。曹安民近前說：「小侄昨晚窺見

館舍之側有一婦女，生得十分標致。問了問，知道是張繡的嬸母鄒氏。是否接來，給你過目？」

曹操哪管是誰的老婆，只要人長得有幾分顏色，便同的床。遂令曹安民，帶五十個兵卒，取來交歡。曹安民得令，火速帶兵前去劫色。鄒氏見黑壓壓的士兵把自己圍住，驚慌失措，小心問道：「已然投降，何動干戈？」曹安民解釋道：「不是這等說法，有好事臨頭，跟我們去了，一切了然。」鄒氏忐忑不安，換了件鮮豔的衣服，理鬢撫面，草草上了門前的馬車。

須臾之間，曹安民帶鄒氏來到曹操下榻處。曹操揮了揮手，曹安民垂手而退。曹操這才用心打量鄒氏，心裡琢磨：「果然美人也。不想那張濟，竟有這等豔福。可惜，張濟豔福過淺，撇下花般的一個美娘子，撒手而去。」曹操自美雙福同至（戰場與情場雙贏），心裡樂開花，遂問鄒氏：「夫人姓甚？」答道：「鄒氏也。」曹操說：「夫人認識我嗎？」鄒氏道：「久聞大人威名，今日幸得瞻拜。」曹操心想：「不虧大門大戶家的娘子，蠻會說話。」又道：「今得見夫人，乃天幸也。今宵可否願與我同枕共席？」鄒氏嫣然一笑，未作答覆。曹操知道鄒氏順從，許願說：「日後隨我還都，必以夫人為正室。」鄒氏感激，再拜再謝。是夜，曹操與鄒氏，共度良宵。

雲收雨散，鄒氏擔心道：「久住城中，人多嘴雜，侄兒張繡，必生疑心，那時，怕大家面上不好看。」曹操道：「明日同夫人去城外的軍營居住，以為如何？」鄒氏道：「如此方好。」次日，曹操與鄒氏，移居城外的營區司令部安歇。曹操恐手下的文武官員議論，乃喚典韋，調集親信部隊二百餘人，就司令部帳房外，日夜把守，非請勿擾，違者斬首。如此安排，乃軍中大忌，這等於曹操把自己與外界，徹底隔絕。劉備娶孫小姐，樂不思荊；曹操淫鄒氏，樂忘歸期。

哪有不透風的牆，張繡聽說曹操姦淫他的孀母，怒從心頭起，惡向膽邊生：「我以曹操仁義之人，今作此醜態，辱我先人也！」遂與賈詡商議對策。賈詡說：「此事不可洩漏，否則，我等皆死矣。來日等曹操出帳議事，如此這般，方為上策。」張繡納言。

數日之內，打聽得曹操帳前有典韋等二百軍卒把守。軍卒不足慮，惟那典韋，勇猛過人，極難對付。可巧，張繡帳前一員猛將，名胡車兒，負力五百斤，日走七百里，乃異人也。見張繡不高興，問其故，張繡說起曹操，如何羞辱他們張家之事。胡車兒說：「這有何難，舉事之前，請典韋飲酒，一發灌醉了。胡某趁亂混入，先盜其戟，典韋必

廢人一個。」張繡甚喜，積極備戰。至期，令賈詡請典韋到本部營寨歡宴。至晚，那有勇無謀的典韋，果然酩酊大醉，被送出營區。胡車兒乘黑，雜在典韋等人的隊伍裡，直入曹操大營。

是夜，曹操正與鄒氏飲酒，忽聽帳外動靜異常，曹操對身邊的衛兵道：「這外邊人呼馬叫的，去看看怎麼回事。」一會兒，衛兵回來說，是張繡軍夜巡，曹操遂不疑。時近二更，帳前忽報寨後吶喊，草車起火。曹操道：「必是軍人不小心。」正說著，四下裡火起，速喚典韋而不應。此時的典韋，已醉倒帳中。典韋夢中聽得金鼓喊殺之聲，急忙跳起，尋摸床邊雙戟，哪還見影兒。雙戟乃典韋吃飯的傢伙，弄丟了，他就是廢物一個。這時，但聞敵軍已到轅門，典韋急忙奪過部卒佩刀，殺將出去。

典韋出得門來，見無數軍馬，各挺長槍，來搶寨口，典韋奮力向前，砍死二十餘人。騎兵方退，步兵又到，兩邊槍如葦列。典韋身無片甲，上下前後被擊中數十槍，猶自大叫死戰。典韋手中的刀，砍缺不堪用，遂棄之而肉搏，又擊死叛軍八九人。張繡軍不能近身典韋，只得遠射，箭密如雨，典韋大叫數聲而死。史官贊典韋：

守護中軍帳，
英雄獨典韋。
聞風皆膽裂，
望影總魂飛。

典韋僅僅是花前月下的一個守門人而已，稱不上什麼英雄。曹操得典韋擋住前門，乃得大宛馬匹。曹操剛剛飛身上馬，那馬便中箭而亡。長子曹昂以馬相救，曹操方得命，然曹昂卻被亂箭射死。曹操宛城之敗，可用「人馬填滿淯水」來形容。這正是：

主將花心，
害死三軍。

法不加尊

前面兩個小節，說曹操之不德。最後，我們再來說說曹操之不法。

曹操征張繡途中，時值一九八年麥黃季節。曹操領軍，穿行於田間小路，見成片即將成熟的麥子，很是高興，感歎道：「又是一個豐收年呀。只可惜，戰亂頻仍，無法讓人靜心分享農民的喜悅。」隨行的郭嘉道：「主公必定會平定天下，那時再與民同樂不遲。」曹操欣慰道：「說的是。」

說著話，大隊人馬行至靈樹鎮（今河南省襄城縣庫莊鎮靈樹村），曹操見徐君墓，下馬拜揖。眾謀士不解，皆一臉疑惑。曹操遂問郭嘉、荀攸等人：「你等可知此人？」郭嘉道：「主公，我等不知，願聞其詳！」曹操微微一笑，說道：

春秋時，吳國有個賢臣，名叫季箚，受命出使中原各國。季箚出使途中經過徐國，順便去看了看好友徐君。兩人見面後，聊了沒幾句，徐君便屬意季箚的佩劍。季劄心領神會，就說：「王命在身，不能半途把佩劍送人，待我出使歸來，定當奉送！」季劄出使歸來，徐君已病逝月餘，季劄深為悲痛，來到徐君墓前祭奠，並把事情原委告訴徐君之子。然後，解下佩劍，贈與他。貴重之禮，徐君之子不敢收受。無奈，季劄只好把寶劍掛在徐君墓前的一棵柳樹上。

曹操身邊的謀士們聽罷，嘖嘖稱讚季劄講誠守信。曹操即興作詩，讚那季劄：

延陵季子兮不忘故，
千金寶劍兮掛君墓。

詩畢，曹操召集軍官訓話：「古人尚且恪信守義，我等更應效法。今天，我奉天子明詔，招降討逆，與民除害。方今麥熟之時，不得已而起兵，此去大小將校，凡過麥田，但有踐踏者，一律斬首。」

令行禁止，凡官兵所經麥田，皆下馬，謹慎而過。沿途百姓見了這支紀律嚴明的隊

伍，莫不遮道而拜，稱頌聖德。這原本該是曹操建德立威的大好機會，然而，曹操騎馬行於麥田時，驚起一隻斑鳩，斑鳩急飛，又反過來使馬受驚，踏倒成片的麥子。曹操率先觸犯他所頒佈的新法：踐踏麥田者斬。

這法律之嚴苛，猶如古希臘的偷一把韭菜即處死刑。馬受驚而踏麥，與人無關，賠償即可。但古人為彰顯嚴刑峻法，往往弄些不切實際的法律條文。皇帝張口閉口是法律，挾天子以令諸侯的曹操，自然也是張口閉口都是法律，此即所謂金口玉言。這會兒好了，那不切實際的法律輪到曹操頭上，他該怎麼處置自己呢？看看下面的表演吧。

曹操令安營紮寨，遂把行軍主簿楊修叫到他的帳下（即臨時指揮部），問如何處置。楊修道：「曹公乃三軍主帥，焉能治罪？」曹操說：「我制定的軍規，全軍遵從，若不治罪，焉能服眾？」說完，曹操抽出佩劍，意欲刎之。什麼叫意欲刎之？就是拿個假動作，比劃比劃，並不是真要自裁。身邊的文武高官，也得假意去奪曹操手中的佩劍。待動作戲演完，郭嘉再善言相勸，以文戲策應。兩相結合，曹操便有了一個體面的臺階，乘勢而下。

郭嘉是這樣說的：「古者《春秋》之義：法不加於尊。曹公治國安邦，統帥三軍。如今又正好在討逆途中，三軍無主，這仗還怎麼打？為國家為百姓計，主公亦應保重！」曹操沉吟一番，就坡下驢，說道：「既然《春秋》有法不加於尊之義，我暫記過。但罪不容赦，處以髡刑。」

髡刑，究竟是怎樣的一種刑罰呢？實際就是剃髮，隔靴搔癢而已。這類刑罰，特別適用於統治階層；或者說，就是專門為統治者量身打造的。這如同黨治下的中國，無論官員犯多大的罪，首先用黨的紀律條例來處置，而不是依據憲法加以處置。黨內條例處罰，諸如黨內警告、留黨察看、記大過處分、開除黨籍等等，就社會觀感而言，給人的感覺，如此處置好重好重，但對犯事官員而言，並不會觸及實質。黨內處分也因此成為犯罪官員們的擋箭牌或保護神。《春秋》之「法不加於尊」，在今天的中國，同樣體現的淋漓盡致。只是形式不同、說法不同罷了。

曹操一副大義凜然的樣子，擎劍在手：「法律的尊嚴不容踐踏，你等見證歷史，現在就把父母賜給我的頭髮割下來，以髮代首！」語停劍落，將一大綹頭髮擲於地上，是以警示三軍。消息傳出，三軍肅然，一路上軍紀嚴明，秋毫無犯。這場虛偽的刑罰大戲，就此收場。孔子之惡、《春秋》之惡，盡顯於此。中國缺乏法治精神，源於古；中

國人善於權變，源於古。可見根上就不好！

這使我想起一部電影，叫做《故事裡的故事》，其中說到這麼一位國王，養了一隻跳蚤為寵物。這隻跳蚤長得很大，相當於一頭牛。有一天，巨型跳蚤死了，國王剝了皮，懸掛起來，昭告臣民，說誰猜得出這是什麼皮，就把公主嫁給他。結果，一個惡魔似的怪物，猜出是跳蚤皮。公主被那怪物兇惡的面相所嚇壞，堅決抵制這樁不幸的婚姻。但他的父親也就是國王說（大意），承諾是不可以更改的。怪物就這麼輕易的，像拖獵物一樣，把漂亮的公主拖到他的洞穴裡。後來，公主殺死惡魔，回到城堡。老國王退位，公主加冕。

這故事清晰的告訴我們，一諾千金。做不到的，不可以承諾；承諾的，再困難也要付諸實施。這就是西方的契約精神，比如美國的槍枝文化，美國的建國者們，承諾他們所建立的國家，人人生而平等；而人人擁有自我保護的槍枝，就是這生而平等的一部分。與其人人擁有槍枝，美國的槍擊事件，也才時有發生，乃至造成人為的災難。因此，美國控槍的呼聲，不絕於耳。我們需要注意，是控槍，而非禁槍。這個控槍，實際是嚴格控制售槍的流程。但美國的主流民意就是對控槍說不，原因就在於，他們有「人人生而平等」這一承諾的支撐。

一諾千金，出自《史記・季布欒布列傳》：「得黃金百，不如得季布一諾。」意思是得到百斤黃金，也不如得到季布的一個承諾。這些信念，彷彿只會停留在成語中，停留在傳說中，而現實中的中國人，有足夠的智慧與能力，將法律兒戲化，以至於今，依舊重人治而輕法治。曹操不是玩弄法律的開始，今天的西裝皇帝，也不是玩弄法律的結束。中國人什麼時候一諾千金，我想這不取決於天意，而取決於中國人告別野蠻政治的意志。

呂布不忠

本章我寫了五個人，前面幾個，提筆就寫；惟呂布，頗讓我費思量。三國故事裡，呂布這個人也算稱得上英雄。但有一樣，令人不齒，那就是，他總是叛節，或者說拿叛節當飯吃。這裡，我們單就呂布殺主一事，展開敘述。

先說呂布殺死的第一個主人丁建陽。一八九年，劉宏皇帝病故，武猛都尉丁建陽受大將軍何進之召，帶兵到首都洛陽誅殺十常侍，但事情被何皇后制止，丁建陽未能回到他原先的駐地，改任執金吾。這個職位，相當於現在的北京衛戍區司令。同年，何進被十常侍所殺，涼州刺史（地方行政長官）董卓趁亂，率部入京，挾天子以令諸侯。

董卓把持朝政，且蹂躪皇室，丁建陽舉旗而反。於是乎，親董卓的軍隊與衛戍區部隊，在洛陽城外展開激戰。董卓親自出馬，丁建陽亦陣前相向。丁建陽指著董卓破口大罵：「你這反賊，於國無寸箭之功，焉敢亂言廢立？」

丁建陽此番話，引出一段背景。早在董卓與丁建陽翻臉之前，董卓宴請大臣，宣稱要廢掉皇帝劉辯，以劉協取而代之。席間，董卓說：「先帝有密詔，說劉辯輕浮弱智，不可為君；次子劉協聰明好學，可承大位。因此，我意罷黜劉辯，讓他繼續去當弘農王。同時冊立陳留王劉協為天子，以正漢室。你等大臣，以為如何？」

諸臣聽罷，迫於董卓的淫威，默默無言，各各低頭覷地。丁建陽手握軍權，有恃無恐，他怒不可遏地推開面前的案幾，杯盞滾落箸掃地，大臣們為之驚出一身的冷汗。但見那丁建陽直身而出，大叫道：「不可！不可！你什麼人，竟敢如此亂政？欺俺漢朝無人物？當今天子，乃靈帝嫡子，又無過惡，豈能說廢就廢？丁某知道你懷篡逆之心久矣，我豈能容你亂來？」董卓怒起，欲斬丁建陽。董卓的親信李儒，見丁建陽身後有一人，執方天畫戟，很是威武，是以勸董卓息怒。那令人生畏者，便是丁建陽的乾兒子呂布。

董卓心想，既然咱手握中央政府的大權，想怎麼就怎麼，誰若膽敢發出雜音噪音（即不同意見），那就是咱老董的敵人，必欲除之而後快。雙方一頂牛，就這麼槓上

了，那就打吧。交手的結果是，親董卓的軍隊大敗，退守三十餘里，安營紮寨，聚眾商議對策。

董卓的軍隊，當年在涼州時，數度討伐羌胡，可謂無往而不勝。羌胡人的軍隊，勇猛彪悍，尚為董卓所敗，那養尊處優、不經風雨的京城衛戍部隊，怎就讓他吃了敗仗呢？思來想去，想到丁建陽的手下大將呂布身上去，此人在決一勝負的作戰中，起到了關鍵性作用。

商議的結果是，離間丁建陽與呂布的關係。恰好，董卓身邊有一位叫李肅的將軍，此人自告奮勇說：「我與呂布同鄉，知道他有勇無謀，見利忘義。憑我李某三寸不爛之舌，保呂布拱手來降。」董卓大喜。李肅遂又提出，攜董卓的「赤兔」為禮物，董卓不幹，說那是他心愛的戰馬，怎能輕易送人。李肅一番勸導，說大丈夫幹大事，何必在乎一匹馬。董卓以為李肅言之有理，准了。赤兔之外，李肅另攜黃金一千兩、明珠數十顆、玉帶一條，送給呂布。事成，董卓封呂布為騎都尉、中郎將、都亭侯。

大丈夫呂布，倒在一匹馬、一千兩黃金、數十顆明珠、一條玉帶之下。此人也就值這麼個價吧。回頭看個細節，說丁建陽正在看書，見呂布提刀來見，問：「這麼晚了，我兒尚未睡，有什麼事嗎？」見錢眼開的呂布道：「我乃當世大丈夫，安肯給你當乾兒子！」說完，呂布冷不防，一刀砍下他乾爹丁建陽丁大司令的人頭。

呂布這傢伙不肯給丁建陽做乾兒子，卻又跑去給董卓做乾兒子。沒頭腦的武夫，命中註定，總不免給人做做乾兒子。看看呂布的作為吧，他一見新主，不等董卓說什麼，先就提出做乾兒子的意願，他的原話是這麼說的：「布今棄暗投明，願以父事之。」董卓當然求之不得。搞定武夫，原是一件這麼容易的事。說軍人是沒有頭腦的機器，真的不錯啊。

司徒王允，抓住呂布的弱點，略施美人計，便又假呂布之手，砍下董卓的人頭。一八九年，呂布幹掉一個乾爹丁建陽；一九二年，呂布又幹掉一個乾爹董卓。呂布眼裡的乾（gān）爹，徹底變成他行動上的乾（gán）爹。就倫理而言，即為人子，弒父即為不忠不孝。

呂布幹掉乾爹董卓，領兵五萬，殺奔董卓的老巢郿塢，去奪回他心中的美人貂蟬。董卓挾天子以令諸侯，與後來曹操的挾天子以令諸侯大有不同，他住在遠離京城、遠離皇帝的郿塢。那麼，郿塢與京城有多遠呢？相距二百五十里，一個單邊，須三五日方

到。有國事，董卓進京；議完國事，即回郿塢，回他那一畝三分地，以天子的身分，自娛自樂。

董卓為建造這郿塢，曾徵召二十五萬民工，日夜為之勞作。建成後，裡面屯積的糧食，可供用度二十年。至於金玉、彩帛、珍珠，更是不計其數。董卓好色，選美女八百人，充為婢妾。董卓常說：「我事成，當雄據天下；不成，守此足以養老。」可見，董卓眼裡的世界，就郿塢那麼大。

董卓有四員心腹猛將（李傕、郭汜、張濟、樊稠）、三千特種部隊，堅守郿塢。當李傕等得知董卓已死，呂布來戰，自知不能應對，領軍殺回涼州老巢。呂布不費吹灰之力，攻下郿塢，找到貂蟬，送回長安。遂對董卓親屬，不分老幼，大開殺戒。董卓宗族被誅者，男女一千五百餘人。另繳獲黃金三萬斤、銀九萬斤、糧八百萬石。錦繡綺羅、珠翠古玩，堆積如山，不必細說。呂布不僅幹掉乾爹，還幹掉他乾爹的家人千餘人。好個令人生畏的乾兒子。

這裡有句後話，忍不住要說。那董卓丞相，十八路聯軍不能殺，貂蟬出手相助，便給殺了；那呂布武功了得，世間多少將軍勝他不得，貂蟬一個媚眼，便輕鬆將他俘獲。

遂想起美國電影《一夜風流》，落魄記者與逃婚的富家小姐邂逅相遇，二人因身無分文，只好半路搭車去紐約。等車時，記者給那位千金小姐講了一大通搭車的理論，大拇指不同的使用方法，喻義搭車者是怎樣的一個人。那位記者說，這套辦法非常靈驗，所以他很想寫成一本暢銷書。小姐說：「那我就等你攔車了。」記者說：「你瞧好吧。」果然那位記者在公路邊，對著過往的汽車，使盡各種手勢，就是搭不上車。

接下來，那位嬌生慣養的千金小姐說：「還是讓我試試吧。」只見小姐往公路邊一站，輕鬆而自然地撩起裙子，向駛來的一輛轎車漏出半條性感的大腿，車嘎然而止。小姐對那位記者譏笑道：「你的大拇指沒有我的大腿管用。」記者附大拇指的那一大套搭車理論，眨眼間就被小姐那半條性感的大腿給擊碎了。貂蟬都不需要撩起裙子，她只需一個媚眼就夠了，而且遠比美國那位富家小姐所完成的目標大得多。

＊＊＊

扯遠了，咱們回到三國。我們說，呂布三年多，一連幹掉兩個舉足輕重的乾爹。那丁建陽，那董卓，一個衛戍區司令，一個一國之丞相。能給這麼大的人物做乾兒子，又

能反手將他們殺掉，照理說，呂布好生了得，他該有自己的人生規劃，該有自己的地盤才對。然我們卻發現，呂布的軌跡，總逃不過寄人籬下。在他幹掉兩個乾爹後，又先後投奔過四個人：投袁術遭拒，改投袁紹，不和；改投張揚；呂布棄張楊，而去投張邈。

呂布最後的落腳點，還是陳宮的人情。換句話說，沒有陳宮，呂布就像一個喪家犬，四處顛沛流離。張邈被陳宮說服，接納了呂布。張邈、陳宮、呂布聯盟，決心打開一片天地，於是乘曹操之虛，奪了兗州。曹操回軍戰呂布，奪回兗州。呂布是以投奔劉備，寄居小沛。曹操大軍一路追殺，呂布與陳宮率部退至下邳。兩個月後，城陷，呂布與陳宮被活捉。呂布怕死，苦苦求饒。倒是那陳宮，大義凜然，慷慨就死。

我們來看看，呂布生命的最後時刻。曹操令人押過呂布來。呂布道：「曹公所擔心的，不過於我呂某。如今，呂某已然投降，你沒有什麼好擔心的了。如曹公看得起我呂某，你我結合，則天下無慮矣。」

看到了吧？呂布又想投奔曹操來了。曹操回頭看了一眼劉備，問道：「你以為該怎樣處置呂布呢？」劉備冷冷地說：「曹公難道忘記丁建陽、董卓是怎麼死的嗎？」曹操心領神會，點頭稱是。遂令士兵，於白門樓，絞死呂布。此即一九八年十二月的某個晚上。

註釋：

①魯肅，字子敬。
②指孫權。
③嘚瑟：大陸北方方言，意為炫耀、顯擺。
④曹真，字子丹。
⑤司馬懿，字仲達。
⑥人民網，二〇一六年六月二十四日。
⑦《同舟共進》雜誌，二〇一六年第六期。

第三章
刀刃上的皇室

圖片來源：維基百科／作者：玖巧仔

涼州
酒泉
張掖
匈奴
羌
氐
西平
金城
狄道
安定
新平
北地
隴西
廣魏
天水
五丈原
長安
司隸
弘農
雍州
右扶風
武都
陰平
漢中
魏興
新城
梓潼
巴西
汶山
成都
東廣漢
宕渠
巴東
宜都
漢嘉
犍爲
巴
涪陵
荊
南廣
越巂
益州
朱提
牂柯
永昌
雲南
建寧
興古
西隨
鬱林

董卓血染皇室

這一章，涉及兩個皇室，東漢的劉氏皇室、魏國的曹氏皇室。你也許說了，這不是嚴格意義上的三國皇室嘛。我想，按照魏、吳、蜀來評說三國事，就侷限得很了。如以嚴論，曹丕代漢稱帝前即二二〇年前，皆屬東漢政治範疇的事。之前，近三十年的時間裡，就已經開始了紛擾與混戰。許多被《三國演義》所涵蓋的精彩故事，到曹丕稱帝，差不多都快演繹完了。尤其一些為我們所耳熟能詳的三國人物，至此也多凋零，去了極樂世界。

一九一年，走了華雄；

一九二年，走了董卓、王允與孫堅；

一九七年，走了典韋；

一九八年，走了呂布、陳宮與禰衡；

一九九年，走了公孫瓚與袁術；

二〇〇年，走了顏良、文醜與孫策；

二〇二年，走了袁紹；

二〇八年，走了劉表與孔融；

二一〇年，走了周瑜；

二一七年，走了魯肅；

二一九年，走了關羽；

二二〇年，走了曹操。

隨便數數，就是二十人。這些人這些事，就如電視劇《三國演義》插曲所唱的那樣：

暗淡了刀光劍影，
遠去了鼓角錚鳴。
……

沒有了曹操的三國，算什麼三國；沒有了典韋、呂布、袁術、顏良、文醜、孫策、袁紹、周瑜、魯肅、關羽的三國，算什麼三國？就算是三國，那也只能算是半個三國吧。所以，我把二二〇年前的三國，稱之為前三國。

從這個意義上說，三國故事，當然要追述到一九一年，也就是華雄被斬的那一年。那麼，東漢末代皇室，也就納入我們的視野，它是東漢之尾，同時還是三國之首。至於說沒有把吳國的孫氏皇室納入進來，是因為他們的故事，沒有代表性，或部分與所涉及的皇室具有某些相似性，是以割愛。下面，我們就先來說說東漢劉氏皇室。

從哪兒說起呢？自然要從何進與十二常侍決鬥說起。

先說何進。這個人跟張飛一樣，都是屠夫出身。《三國演義》的開篇人物，劉備是編席子賣的，關羽是殺了人的在逃犯，數著張飛最闊氣，職業屠夫，書中說他「饒有家資」。

你說一個屠夫神氣什麼？漢朝那會兒，屠夫就這麼神氣。何進的父親何真，乃南陽一屠夫。因營業積貲，賄賂採選宮女的官員，他的女兒才得以入宮。後來，屠夫何真的外孫劉辯，登基為帝，你說神奇不？

別說漢朝，就是明朝，屠夫也是農業社會的上等職業。這可從吳敬梓的《儒林外史》中看到，那范進中了秀才，他的老岳父胡屠戶，前來道賀。坐下後，胡屠戶如此教訓女婿范進：

我自倒運，把個女兒嫁與你這現世寶窮鬼，歷年以來，不知累了我多少。如今不知因我積了甚麼德，帶挈你中了個相公，我所以帶個酒來賀你。你如今中了相公，凡事要立起個體統來。比如我這行事裡都是些正經有臉面的人，又是你的長親，你怎敢在我們跟前裝大？若是家門口這些做田的，扒糞的，不過是平頭百姓，你若同他拱手作揖，平起平坐，這就是壞了學校規矩，連我臉上都無光了。你是個爛忠厚沒用的人，所以這些話我不得不教導你，免得惹人笑話。

從胡屠夫的話裡，我們得以知道，明朝的屠夫是有身分的人。這是說明朝，往前推，宋朝背景下的那位鄭屠（《水滸傳》），也了得，人稱鎮關西鄭大官人。再往前推，漢朝的屠夫就更了得。社會越落後，屠夫職業就越發的高人一等。所以說，屠夫何真的女兒，才得為皇后，兒子何進，才得為權傾朝野的大將軍。

在農業社會，屠夫人家，不見得有勢，但卻一定有錢。也就是說，屠夫家境殷實，是沒有問題的。皇宮採選宮女，地方有頭有臉人家的孩子，往往更容易引起採選官的注意。何進的妹妹，就屬於這種情況，被選入宮。後來，何氏給劉宏皇帝生了個兒子，即劉辯是也。劉辯出生之前，劉宏的兒子們均已夭折，何氏母以子貴，先是晉升為貴人，繼而為皇后。則那國舅何進，也水漲船高的一路攀升，直至為大將軍。咱們前面說過，何進這個大將軍，實為軍政一把手。

何進雖說智不足，私底下，卻也很瞧不起他的妹夫劉宏皇帝。那麼，劉宏到底是怎樣的一個人呢？這麼說吧，他是中國歷史上荒唐透頂、腐爛透頂的一位年輕皇帝。在後宮建店經商的是他，在西園讓狗帶著官帽遊耍的是他，讓狗與宮女交媾的是他，與妻妾在後宮集體裸遊的是他，一夜臨幸三十多個女人的是他……

何進的皇帝妹夫，就是這麼一號人。所以，何進內心深處，很是鄙夷劉宏。因為瞧不起劉宏，也就很不把他放在眼裡。日久天長，就一味的攬起權來，是以擠壓了十常侍的權力空間。在第一章我們已經說過，十常侍乃劉宏最為貼己的人，他甚至把十常侍中的兩位靈魂人物張讓與趙忠，比作父母。何進去擠壓這些超級太監的政治空間，那不是找死嗎？

一八九年，先是劉宏死，劉辯即位，接著是宮廷政變，何進與十常侍，以及兩千多宦官，肝腦塗宮；再接著，董卓把持朝政，他廢劉辯（恢復其弘農王爵位），立劉協；再來，皇室成員的身上，便見了鮮血。

是年九月，董卓借機將何太后、唐妃、劉辯處死。話說這天，李儒帶十武士前去行刑。死法有兩種，毒酒與白練，任皇室成員自選。見無人自裁，李儒怒道：「這話怎麼說的？叫你們死來著，抗命不尊是不？」說著，從士兵端著的盤子裡，取了一杯毒酒，遞於何太后，威逼道：「太后，你先喝！」何太后捶胸，嚎啕大哭：「何進呀何進，都是你這該死的淺薄，引狼入室，皇家得有今日。」李儒呵斥道：「太后好自為之，趕快把酒喝了，咱家沒工夫在這兒聽你埋汰自家人。」

何太后轉而手指李儒，怒不可遏道：「不就是一死嗎？何以催逼，你個得志便猖狂的小人！我這就死給你看。」說完，從李儒手中接過毒酒。正要喝，被兒子劉辯一把打掉酒杯：「母后不要輕生！」李儒瞪了一眼衛士：「還不將弘農王拿下！」衛士們如狼似虎，將劉辯撲倒，數隻腳，將他死死踩住。其中一個衛士，用力踩住劉辯的頭部，致使鮮血，從其嘴角流出。劉辯哭著罵道：「亂臣賊子，竟敢對當今皇上如此無禮！」李儒惱怒之下，照著劉辯的腦袋，狠命一踢，罵道：「還做你的皇帝夢呀？不知死活的東西。」劉辯立時暈厥過去。

何太后見狀，急忙上前，死死抓住李儒的衣領：「欺我孤兒寡母，可還算人？」衛士又一哄而上，把何太后撕扯開，遂又將她重重的摔倒在地。何太后爬過去，抱住兒子劉辯，悲痛欲絕：「堂堂國母，堂堂皇帝，竟遭如此大劫，天理何在！」何太后手指門外：「國賊董卓，逼我母子，黃天豈能保佑你！」遂又怒目李儒：「你等助紂為虐之徒，必當滅族！」李儒大怒，雙手揪住何太后，遂又招呼衛士：「你們快過來，把她給我丟下樓去！」幾個衛士一擁而上，攛的攛，抬的抬，推的推，把個何太后扔下樓去。何太后就此香消玉損。

此時的劉辯，漸已蘇醒，但他與母親，已是陰陽兩隔。劉辯見唐妃撲向李儒，也奮起揪住李儒，彼此攪做一團。衛士們豈能相容，虎狼般把劉辯與唐妃，打了個半死。李儒整理了一番衣襟，命令道：「將他們就地處死！」三兩個士兵持白練，上前將唐妃活活勒死；三兩個士兵端著毒酒，上前將劉辯灌殺。年僅十五歲的劉辯皇帝，就這樣命喪黃泉。史官曰：

太后飛身墜玉樓，
唐妃素練系咽喉。
君王服毒皆身喪，
漢室江山自此休。

董卓自此每夜入宮，姦淫宮女。就是妃嬪公主，亦難逃其魔掌。這樣的漢室結局，創立東漢的劉秀大帝不能預知，創立西漢的劉邦大帝更無法預知。劉邦劉秀若有先見之明，先見他們的後人遭此羞辱與劫難，真不知他們是否還要創建這漢室江山。

曹操勒死董貴妃

董卓殺了少年皇帝劉辯，殺了何太后，可以說，那真是一種任性所為。幾乎沒有什麼由頭，說殺就殺。董卓用這種血腥手段，對付孤兒寡母，可謂流氓至極。

比起董卓，曹操對漢劉皇室，亦毫不手軟。獻帝劉協的董貴妃與伏皇后，皆為曹操所殺。關於這兩件事，我們分開來說。先說董貴妃之死。一九九年三月的一天，劉協自郊外狩獵回到後宮，跟伏皇后哭哭啼啼，傾倒了一肚子的委屈。咱們暫且不說劉協受了怎樣的委屈，而是先來說說他這個影子皇帝。

劉協作為東漢的末代皇帝，很少出現在歷史的視野中。即便在《三國演義》裡，他也是難得露面。一九九這年，劉協十八歲。這時，他已做了十年的皇帝。起初，劉協在軍閥手中倒來倒去，直至歸曹操所有後，他才把影子皇帝坐穩。雖說劉協剛剛成人，也應該清楚，他這個皇帝，乃出於曹操的恩賜。他尤其應該明白，寄人籬下的皇帝，是無權擁有政治生活的。大清的末代皇帝溥儀就懂得這其中的道理，所以，他的末代皇帝也罷，他的滿洲國傀儡皇帝也罷，採取的是得過且過的態度。人貴有自知之明，但劉協這個年輕人也實在不懂，他打獵回來，竟然跟伏皇后哭著說（大意）：

可憐朕自即位以來，奸雄並起。先受董卓之殃，後遭李傕、郭汜之亂，常人不能受的苦，我等一概受之。原以為，曹操可為重扶社稷之臣，豈料，他如今獨專起國政來。此賊奸計多端，專權弄國，分毫不由朕親政。每次朝會見了他，都有若芒刺。尤其今天圍獵的時候，隨行的文武大臣，人人對曹操前呼後擁，而朕身為皇帝，卻無人趨附。照這樣下去，曹操必定圖謀朕的天下。那時，你我夫妻，將不知身死何處！（〈曹孟德許田射鹿〉）

瞧這通牢騷，一如深宮怨婦。劉協年輕，那伏皇后也一定老道不到哪裡去，她竟然火上澆油，說：「咱老劉家四百的江山，吃咱穿咱用咱喝咱的公卿子孫，難道就沒有一

個知恩圖報挺身而出的？」劉協搖頭歎息：「唉，如今的人吶，皆趨炎附勢之徒，指望不上了。」小倆口鼻子一酸，絕望地抱頭痛哭。嘿，這對小夫妻，還真把他劉家沒落的江山當回事了。

小倆口正哭著，伏皇后她爹爹伏完來了，問道：「這是怎麼說的，好好的，倆人怎就哭起來了。叫宮裡的人看見，不定生出什麼閒話。」伏皇后道：「好好的誰會哭，這不是不好嗎。」伏完道：「怎個不好法兒，說來聽聽。」劉協欲言又止，伏皇后如此這般，把夫妻倆剛才的話題，悄悄複述了一遍。伏完道：「哦，原來如此。不過，這本也在預料之中。你們目下不要憂慮，我推薦一人，可與聖上剷除此賊，與國除害，以保社稷。」劉協情急問道：「皇丈推薦何人？」伏完道：「董承也。」

我們說，皇帝皇后年輕，看不透帝國的政治形勢，難道你鬍子一把的伏完，也看不透？貧弱如沙漠孤草的劉氏皇室，怎能與強大無比的曹操集團對抗？當局者迷，伏完帶著這兩個年輕人，以不容置疑的心態，去嘗試雞蛋碰石頭，這叫一個糊塗。

伏完推薦的董承，乃車騎將軍（首都衛戍部隊司令，地位僅次於三公），同時還是劉協的岳父。伏完手把手教給劉協一個辦法，讓他把剷除曹操的聖旨，縫進玉帶，暗賜董承。有驚無險的是，當董承帶著玉帶出皇宮時，被得知消息的曹操趕來攔住，檢視了一番劉協贈送的錦袍玉帶，沒有發現什麼，復又相還。董承回家，見那密詔，乃劉協咬指所寫的血書。詔曰：

朕聞人倫之大，父子為先；尊卑之殊，君臣至重。近者權臣操賊，出自閣門，濫叨輔佐之階，實有欺罔之罪。連結黨伍，敗壞朝綱，敕賞封罰，皆非朕意。夙夜憂思，恐天下將危。卿乃國之元老，朕之至親，可念高皇創業之艱難，糾合忠義兩全之烈士，殄滅奸黨，複安社稷，除暴於未萌，祖宗幸甚！愴惶破指，書詔付卿，再四慎之，勿令有負！建安四年春三月詔。（〈董承密受衣帶詔〉）

說這是一封血書，很是可疑。百餘漢字，那劉協咬破十指，也寫不出這麼一篇激情四溢的短文呀。果真是血書，那得多少血呀？這些質疑，無足輕重，我們知道有這麼回事即可。董承覽畢，羅貫中這麼形容他，叫做：「涕淚交流，寢食皆廢，行坐不安，心中煩惱，哀憐不已。」

董承何以有這些反應呢？原因就在於，他知道孰輕孰重，知道彼重我寡。然而，皇帝密旨交付的事不辦，那就是抗旨，有殺頭之罪。遵旨又勢單力薄，也是一個死。無論如何，這都是一個爛活，董承是以左右為難。最終，他還是站到皇帝一邊。不幸的是，在他對政敵展開攻擊之前，事已敗露，曹操為此斬殺七百餘人（二〇〇年正月）。漢劉之皇親國戚，原本就喪家犬一般的苟活著，這一來，他們連苟活於世的權利都被曹操剝奪了。那英雄一世的劉邦，若在天有靈，知道他的後人如此淒慘不堪，還不得氣死幾個來回。

殺完那連坐的七百多人，曹操隨即帶劍入宮，來殺董貴妃。劉協的董貴妃，乃董承之女，正有孕在身。當天，劉協在後宮，正與伏皇后私論董承之事，說：「這麼久了，怎麼還沒有什麼消息？」兩口兒正納悶，忽見曹操帶劍而入，雙雙嚇得魂不附體。劉協知道大事不妙，他如同做了虧心事的孩子，垂頭喪氣，眼皮也不敢抬一下。曹操直言相問：「董賊謀反，陛下知道嗎？」劉協裝糊塗道：「董卓不是已經伏誅了嗎？何以再問。」曹操怒道：「不是董卓，是董承！」劉協戰慄道：「朕實不知。」曹操怒道：「陛下難道忘了自己咬破手指所寫的密詔？」劉協恨不得找個地縫鑽進去，他把頭深深一埋，不答一言，心想：「愛咋的咋的吧。」難得他也有豁出去的精神。

曹操倒不會怎麼劉協，他畢竟是皇帝。有句話叫做，挾天子以令諸侯，你殺了劉協，還怎麼挾天子？挾不著天子，又如何令諸侯？曹操所要問罪的，不是劉協，而是董承的閨女董貴妃。曹操下令：「去把董貴妃拿來。」這一句，驚煞劉協，他連忙乞求道：「將軍開恩。」曹操不為所動。

士兵很快把董貴妃押來，曹操說：「一人造反，九族皆誅！」遂喝令士兵，把董貴妃牽出去斬了。劉協苦苦哀求道：「董妃已五個月身孕，望將軍見憐。」曹操叱道：「若非天敗，我已被滅門。如今，已誅董承，難道要留著他的女兒為父報仇嗎？」劉協遂又提出一個折中方案：「先將其貶入冷宮，待分娩再殺不遲。」

曹操冷漠不言。劉協再退一步：「那就乞其全屍。」曹操令人取來白練，丟給董貴妃，令其自裁。劉協哭著對董貴妃說：「卿於九泉之下，不要怨恨朕！」言訖，淚下如雨。曹操怒道：「婦人似的，像什麼話！」因見董貴妃不肯自裁，遂令士兵將董貴妃推出，勒死於宮門外。

曹操杖殺伏皇后

下面，再來說說伏皇后之死。二一四年的一天，曹操依舊是帶劍入宮。劉協與伏皇后正在說話，伏皇后見曹操來，慌忙起身。正常的禮法是這樣的，大臣見了皇帝皇后，都要行君臣之禮。這裡反過來，是伏皇后起身，向身為大臣的曹操行禮。劉協則已顧不上見禮，腿軟的，已難以站立。應該說，這就是劉協夫婦的生活常態。

世人都羨慕當皇帝皇后的，以為到了這個位置的人，無所不能、無所不有。哪裡知道，在顛倒的世界裡，還有許多皇帝皇后拜倒在大臣、太監腳下的。在中國的帝制史上，不獨劉協與伏皇后如此。相關話題，鑒於我在其他書中有過論述，此不多贅。

曹操開門見山：「陛下，孫權、劉備各霸一方，不尊朝廷，當如何處置？」這一句問話，令劉協很是摸不著頭腦。問題是，曹操的哪一句，又是能讓劉協摸得著頭腦的呢？這亦為君臣對話之常態，劉協能回答的就是：「盡在魏公裁處。」那語氣，猶如學生對老師，噤若寒蟬。曹操怒道：「陛下說這話，文武大臣聽了，以為我欺君！」說完，作威而出。

諫議郎趙儼見曹操出去，跑到劉協面前打小報告：「近聞魏公欲自立為王，想來不久，他必定篡位，陛下須警惕才是。」劉協與伏皇后聽了，大哭不止。曹操耳目，充斥於後宮，告密者早把這一細節稟報上去。曹操聞之大怒，令武士直入後宮，擒拿趙儼，不做任何解釋，當即腰斬於市。劉協聽說，面如土色，隨即與伏皇后商議出路。又來了，十四年前，他們不也商量出路來的嗎？結果呢？七百多皇親國戚為此丟了性命。這一年的劉協，已三十三歲。他即便對形勢缺乏判斷，也該長記性吧。他不，他要重蹈覆轍。

伏皇后說：「我父親常有殺曹賊之心，恨只恨，未得良機。陛下可修書一封，令父親早圖大事。」劉協惶恐道：「不記得昔日董承之禍嘛？為事不密，反被戕害。如這次再有洩漏，恐怕連你我性命都要打進去了。」伏皇后決心孤注一擲，勸道：「旦夕如坐針氈，這叫什麼日子？與其膽戰心驚、如履薄冰般的活著，還不如死了的痛快！」劉協

道：「到底是皇后有主見。依你所言，可是叫誰將密信送出宮外呢？你知道，現如今，哪怕是皇親國戚，也很難踏入後宮半步了。愁人不！」伏皇后小聲道：「我有一心腹，可使此人把密信帶出宮外。」

劉協心想：「什麼世道，連皇后都有了自己的心腹。她怕是連朕也防著的罷。」遂怏怏不樂，問道：「哼，你也有心腹。」伏皇后解釋道：「這不都叫曹賊逼的嗎？不到關鍵時候，怎敢輕易示於陛下。」劉協不耐煩道：「別賣關子了，那人是誰？」伏皇后道：「就是穆順呀。」劉協想了想，倒是自己人。即召穆順於屏後，退去左右近侍，密托大事。

劉協與伏皇后未語淚先流，可把那穆順嚇壞：「陛下，這是怎麼說的，穆順著實不能承受。但有旨意，盡請宣達，穆順肝腦塗地，在所不辭。」劉協與伏皇后把情緒漸漸穩定下來，劉協道：「曹賊欲自立為魏王，這事你可有所耳聞？」穆順道：「這誰不知道，只是卑職勢單力薄，無能為計。」

伏皇后道：「知道就好。可見這曹賊，覬覦我大漢江山，非止一日。倘如其所願，高祖成就的四百年基業，不就毀在我等手裡了嗎？如然，我等豈不成了歷史罪人！」穆順憤憤道：「必定設法阻止為上。」劉協道：「可是，宮廷左右之人，皆曹賊心腹，如何阻止。朕這裡有封密信，你如設法帶出宮廷，送達伏完，必能成就大事。」

穆順聽完，淚水不止，說道：「臣感陛下知遇之恩，敢不以死相報！臣這就把密信送出去。」穆順出宮，徑至伏完宅上，將書呈上。伏完見密信，為女兒親筆，遂與穆順說：「我料朝廷內，無人敢撼動曹賊，除非江東孫權、西川劉備起兵，方可引開曹賊的注意力。有外部入侵，曹賊必然親征。那時，與在朝忠義之臣一同謀之，大事可成。」穆順道：「皇丈可盡速回執陛下，求得密詔，暗暗遣人，前往吳、蜀二地，約定起兵的時間，是以保民救主。」事不宜遲，伏完當即致信劉協，令穆順藏於頭髻，帶回宮中。

穆順之所為，為曹操耳目所窺。至此，事敗。曹操大怒，逮捕穆順，於密室之中拷問。穆順雖不肯招供，並不能挽救其他參與者。曹操連夜調集三千精銳部隊，將伏完私宅團團圍住，不管老幼，不分男女，一併捉拿。抄家時，搜出伏皇后的親筆書信。曹操那叫一個氣：「嘿，皇家的人真有意思，咱真槍真刀的在外給他打拼，又是保江山，又是擴疆土。他們皇家人，風不著，雨不著，尊享富貴，不思回報也就罷了，倒暗裡算計咱。」曹操越想越惱，遂令將士，將伏氏三族盡數逮捕入獄。

天剛亮，曹操便令御林將軍郗慮持節入宮，執行抓捕任務。這裡的「節」是什麼？就是符節，一般指皇帝授予臣下行使權力的憑證。用在此處，就是曹操給郗慮的一個授權，說你帶上我這個手諭，進宮處置大事，沒人敢阻攔。郗慮就這麼個「持節入宮」。我們看民國背景的影片，看到蔣介石身邊的人到軍中去公幹，往往有類似臺詞，「委座手諭」云云。這是民國背景下的「持節」，跟帝制時代的「持節」，意義大致相同。

當時，劉協正在外殿，見郗慮引精銳部隊三百人，殺氣騰騰，徑直入內。劉協傻了眼，忙問：「什麼事如此興師宮中？」郗慮冷冷道：「奉魏公之命，收皇后璽綬。」劉協知道事泄，心膽皆碎，自知不能阻止眼前的一切，索性任其發展。郗慮至後宮，不見伏皇后人影兒，便令璽綬保管人，交出玉璽。

伏皇后情知事發，便於殿后椒房內夾壁中躲藏起來。郗慮等人一時找不到伏皇后，正四處搜尋，尚書令華歆又引五百精兵入內，不惜掘地三尺，也要找到罪魁禍首伏皇后。伏皇后最終被貼身的宮女所出賣，華歆掣刀便去戳那牆壁。伏皇后大叫道：「小心傷著我，我自會出來。」華歆哪有耐心，把手伸進去，揪住伏皇后的頭髻，生拉硬拽，給拖了出來。伏皇后哀嚎震天：「望繞我一命！」華歆叱道：「你自去求魏公好了！」

伏皇后披髮跣足，被士兵推擁而出。

伏皇后至外殿前，劉協見了，趕緊下殿，抱著伏皇后大哭不止。華歆道：「魏公有命，儘快捉拿到案，快走！」伏皇后大哭道：「這回命沒了。」劉協哭道：「我命亦不可知在何時！」士兵前擁後推伏皇后而出。劉協望著皇后狼狽可憐的背影，捶胸大慟，遂哭倒在地。

華歆把伏皇后帶到曹操面前，曹操罵道：「我以誠心治天下，你等反欲害我。我不殺你，你必殺我！」曹操不等伏皇后申訴，便令士兵，將其亂棒打死。遂命士兵入宮，將伏皇后所生二子，一一鴆殺。當晚，伏完、穆順等宗族二百餘口，皆斬於市。

伏皇后被殺不久，曹操即安排自己的一個女兒，為劉協之貴人。轉年，曹操入宮，與劉協道：「陛下無憂，臣無異心。臣女已與陛下為貴人，大賢大孝，宜居正宮。」劉協安敢不從，於二一五年一月，立曹操之女為皇后。

司馬懿謀殺曹爽

魏帝國第二任皇帝曹叡病危的時候，司馬懿正駐守遼東。三十六歲的曹叡自知時日不多，令使者持節，召太尉司馬懿還朝。司馬懿戎裝受命，趕回首都，覲見曹叡皇帝。司馬懿跌跌撞撞，跪拜在曹叡病榻前：「臣叩請聖安。」曹叡緩慢的抓住司馬懿的手說：「朕忍死待卿，今日得見，死而無憾！」

曹叡這話很有意思，忍著不死，就為見司馬懿一面。既然忍一忍就不死了，何不忍他個十年八年的，畢竟曹叡還很年輕嘛。當然，曹叡不是這個意思，他這麼說，無非烘托司馬懿的重要性。曹叡何以以上媚下？他這不是要托孤嗎，你當皇帝的臨死了，有求於重臣，當然要拍人家的馬屁。不然，誰會死力保你曹家的江山？

曹叡腐化墮落，一點不假。可他終究還有明白處，臨死之時，知道誰能輔佐他的繼任者。曹叡還知道，輔政的大權倘若偏之一極，而這一極，無論是家人，還是外人，都是極其危險的。解決的辦法只有一個，那就是分權。此即政治的平衡術。皇帝身板硬朗的時候，一般不會考慮平衡問題，只要他夠強勢，只要他皇權這一極就夠了。當皇帝考慮到分權時，定然是他死期不遠。

歷史上，有太多太多能幹的皇帝，臨終前都會安排輔政大臣，目的就一個，不讓單極政治勢力，掌控或篡奪繼承者的位置。曹叡病榻前，一句「忍死待卿」，是說給曹爽聽的，意思是：「曹爽啊曹爽，別以為朕將太子曹芳託付於你，任命你為大將軍，總攝朝政，你就可以架空我兒子。朕這裡還有一張牌，那就是司馬懿，讓他看守著你，監視你，制約你，曹芳無恙，社稷無恙。」

在曹叡看來，最能奪他江山的，是曹氏本家；而外姓的司馬氏，不過家奴而已，不會對他一脈相承的皇權構成威脅。這才有曹叡的見不到司馬懿，死不瞑目的話。司馬懿受寵若驚，點頭如搗蒜：「臣在途中，聽說陛下聖體欠安，恨不得插翅飛來。今日幸睹龍顏，臣願以賤軀，換陛下安康！」

政客的口是心非，在司馬懿這裡體現得淋漓盡致。曾幾何時，曹叡大興土木，窮奢極欲，直弄得民不聊生，怨聲載道。大臣們勸諫無效，找到司馬懿哭訴，你猜司馬懿什麼態度？他說：「魏室已盡，切莫諫矣！」曹叡托孤這一刻，司馬懿的臉一變而為殞身以報。司馬懿不愧是魏帝國的實力派演員，他在曹叡面前的跌跌撞撞、他的點頭如搗蒜、他的虔誠之至，以及他後來在曹爽面前的癡癲瘋呆，無不是作秀。這正是司馬懿在魏帝國立身的根本。

既然最想見的一個人都到了，那就托孤吧。於是，曹叡宣郭皇后、太子曹芳，大將軍曹爽、侍中劉放、孫資等，皆至御榻前，安排後事。曹叡抓住司馬懿的手說：「昔日劉玄德在白帝城病危，以幼主劉禪托孤於諸葛孔明，孔明因此竭盡忠誠，至死方休。朕養子曹芳，今年才八歲，無法親政。好在有太尉及宗兄、元勳、舊臣，你等務必像伊尹、周公那樣，鼎力相輔，則宗廟生靈之大幸也！」說完，遂對曹芳說：「仲達如朕，日後你務必敬重才是。」前面注釋過了，仲達乃司馬懿的字。稱呼一個人的字，這不顯得近乎嘛。接著，曹叡又命司馬懿攜曹芳近前。

曹芳小孩，不能理解眼前的一切，冥冥之中，懼見將死之人，他死死抱住司馬懿的脖頸不放。曹叡努力提氣，對司馬懿說道：「朕囑咐的話，太尉切記！」言訖，潸然淚下。司馬懿頓首涕泣，眾皆傷感。曹叡說這番話時，我們並不知道在場的曹爽怎麼想。中國人常說，胳膊肘不能向外拐。而曹叡彌留之際的重托，卻在外不在內。曹爽嫉恨司馬懿是一定的，但要說政治謀略，他遠不如司馬懿。不然，司馬懿也不可能成為曹叡托孤大戲的主角。

誰都沒想到，曹叡留在這個世界的最後一句話，竟然是說給司馬懿的。說完，曹叡昏沉，不能再言，只以手指著太子，須臾咽氣。國不可一日無主，曹芳遂登基，開啟魏帝國的輔政時代。那輔政的主角，便是曹爽。不是還有司馬懿等大臣嗎？那都是外人，真要行輔政之實了，還得說是曹氏自家人。外姓的輔政大臣，這點自知之明還是有的。

雖說曹爽政治無能，但他有一位門客，頗能折騰，那就是何晏。說起這個人，頗有些來歷，他的爺爺就是前面屢屢提到的那位何進，其姑奶奶就是漢靈帝劉宏的皇后。何晏有如此顯赫的家庭背景，卻淪落到給人做門客的地步。不過，何晏倒不在乎，他蠻喜歡自己現在的位置，畢竟，那曹爽對他是言聽計從。小皇帝曹芳聽命於曹爽，曹爽聽命

於何晏。這麼一合計，何晏心裡倒平衡了。

司馬懿雖為輔政大臣，但有曹爽在那裡總攬朝政，他也就不便插手國事。畢竟，這魏帝國是曹家的天下，更何況凡事他總被排擠。一生謹慎的司馬懿，好自為之，裝病去了。司馬懿的兩個兒子司馬師、司馬昭，審時度勢，與父共進退，亦退職賦閒在家。政治上，司馬父子之所為，便叫作韜光養晦。

如此一來，曹爽便集軍政大權於一身。朝中已無制約，那就放開手腳，大幹一場吧。曹爽遂命弟弟曹羲為中領軍，曹訓為武衛將軍，曹彥為散騎常侍。三個弟弟，各引三千御林軍，任其出入禁宮。這是軍隊方面的安排，文人政府方面，用何晏、鄧颺、丁謐為尚書，畢軌為司隸校尉，李勝為河南尹。這五人，日夕與曹爽相處，謀劃魏帝國各項事業的發展。因為有了何晏效應（名流進入中央政府），不計其數的天下奇士，紛至沓來，投到曹爽門下，以圖撈得個一官半職。

天下大勢已定，曹爽便高枕無憂，每日與何晏等或飲酒作樂，或外出行獵。無論何時何地，曹爽所穿之衣，所用之器皿，皆與皇帝無異。專制政治上，這叫僭越。魯國時，有位季氏在家開Party，他所欣賞的舞蹈，即八人一排的天子規格。孔子聽說季氏僭越的事，怒責「是可忍也，孰不可忍也」。曹爽今天的僭越行為，有過之而無不及，他令帝國各地官員，進貢珍奇之物，他挑選剩下，或玩夠的，再送入宮中。對於小皇帝曹芳來說，這叫一個羞辱。

至於美色、娛樂，更不在話下。黃門張當，為討好曹爽，竟私選先帝曹叡的侍妾七八人，送入曹爽府中，充作性奴；選能歌善舞的良家子女三四十人，為曹爽家文工團。張當還詐傳聖旨，遴選天下美女，供曹爽淫樂。另有一班唯利是圖的官員，為曹爽謀建樓臺畫閣，鑄造金玉器皿。這浩浩蕩蕩的建設大軍，成千上萬，晝夜勞作，就為取悅曹爽。那曹爽儼然已為真皇帝。

＊＊＊

曹爽就這麼優哉遊哉地度過了八九年。話說這天，曹爽又要外出打獵，其弟曹羲忍不住勸諫：「哥哥威權天下，整天吃喝玩樂，這麼個折騰法，非長久之計。今又出外打獵，倘被人算計，可怎麼辦？」曹爽叱之道：「數年沒人敢算計我，今天就有人敢了？兵權在我手中，誰敢造次？」曹羲泣淚而退，心裡恨道：「真個不知死活！」司農（農

業部長）桓範亦諫，曹爽不聽。

何晏是聰明人，以為曹羲、桓範等人的諫言有理，遂對曹爽說：「兵權在手，不會運籌，也是白搭。」何晏這話，用在他爺爺何進身上，蠻合適的。不想，他用到這裡，可謂世事難料。曹爽聽了，眨巴眨巴眼：「你繼續說。」何晏道：「大將軍也不想想，咱這臥榻之側，有司馬懿這樣的老謀深算者在，豈能安睡？」曹爽不以為然：「一朽木而已，怕他作甚！」何晏道：「防患未然，防微杜漸，難道不是前人的教訓裡總結出來的嗎？自大將軍總理朝政以來，司馬懿一直稱病在家，主公何不深思一番，這其中的道道兒？」曹爽大笑道：「量這麼一個病怏怏的老頭，奈何不得我！」話雖這麼說，曹爽卻心中無底。恰有心腹李勝，到荊州為刺史，遂令其到司馬懿府上，藉口道別，一探虛實。

司馬懿聞報，李勝來訪，正在門外靜候。司馬懿心想：「曹爽派人探聽虛實來了。」遂囑咐兩個兒子，謹慎對待。則他自己，去冠散發，跑到床上，擁被而坐。感覺哪裡不對，又拿眼瞪兩個貼身的婢女：「傻愣著幹什麼？還不快過來，左右扶持。」兩個婢女不敢怠慢，左右抱著司馬懿的胳膊，小心伺候。

待司馬懿偽裝完畢，門房方請李勝入府。李勝至床前，唏噓不已：「一向不見太傅，誰想如此？現如今，天子命我為荊州刺吏，特來拜辭。」司馬懿裝瘋賣傻，言語顛三倒四，說：「並州那邊靠近胡人，不好弄的，你要有思想準備。」李勝搖搖頭，心想：「可憐的太傅，糊塗至此。」遂一字一板地說：「太傅，我如今是荊州刺史，不是並州刺史。」

司馬懿心想：「這傻瓜倒好糊弄。」遂繼續愚弄李勝，乃笑道：「你才從並州來？」李勝心想：「怎麼又改並州來的了？嘿，這叫一個費勁。」進而提高嗓門，耐心解釋道：「太傅，是荊州，荊州！」司馬懿猶作老年癡呆，大笑道：「哦，總算聽明白了，你從荊州來。」

兩個婢女隱忍，不敢笑出聲來。她們知道，司馬家的人，全是狠角色，一個不小心，就會小命不保。就說前些日子吧，司馬懿在家裝病，一不留神，跟沒事人似的，跑到花園去溜達，被一粗作婢女看見。那婢女驚恐萬狀：「老爺？你能下地走路了？」司馬懿的老伴張春華由幾個貼身婢女陪著，打此路過，正好站在那婢女身後，她見司馬懿待在那裡，尷尬萬分，不知如何作答。張春華知道大事不妙，這要傳出去，讓曹爽知道

了，是要滅門的。情急之下，張春華順手抄起花園裡的一把鋤頭，將那婢女砸死。先前，司馬懿一向視張春華為老厭物，自此改變印象，敬重有加。

言歸正傳。李勝乃問司馬師：「太傅如何病成這樣？」司馬師只是搖了搖頭，歎了口氣。李勝索筆，把要說的話，寫在錦上，呈給司馬懿看。司馬懿裝作了然，笑道：「此去荊州建功，保重，保重！」言訖，以手指口。婢女端來湯藥餵他，直弄得滿襟是湯。李勝佯為痛哭流涕：「都說太傅中風的舊病復發，果然如此。」司馬懿作哽噎之聲，說：「我如今衰老病篤，只怕死在旦夕！」司馬懿指指身邊的兩個兒子，又道：「你若見到大將軍，千萬請他看覷我這兩個不爭氣的兒子！」言訖，倒在床上，聲嘶氣澀。李勝拜辭而回，把司馬府的所見所聞，一一稟告曹爽，甚至添油加醋：「大將軍你是沒親眼所見吶，太傅病的，那叫慘不忍睹。只倆字可形容：可憐！」曹爽大喜：「雖未親臨，勝似親睹。咱的江山，無恙矣！」

那曹爽也實在缺乏政治歷練，聽說司馬懿病重，便以為再無敵手，遂更加肆無忌憚起來。他獨攬朝政，說一不二。那曹芳小皇帝不過一傀儡，只能聽之任之。話說這天，曹爽意欲出城，去郊外祭祀曹叡。曹芳尚且唯曹爽之命是從，大小官僚更是唯唯諾諾，趨之若鶩，別無二話。

祭祀也無妨，問題就出在曹爽此行的安排上，他把自己的心腹如何晏等，自己掌握的軍隊如御林軍等，能帶的都帶上了。這叫一個嘚瑟！桓範知道這樣的安排很危險，於是叩馬而諫。何謂叩馬而諫？就是像伯夷、叔齊兄弟兩個跪在周武王姬發馬前那樣，好言相勸，你不能這，不能那。姬發不為所動，依舊出兵朝歌，去攻打中央政府。

桓範或許知道不能阻止一意孤行者的腳步，但他的話還是要說：「主公乃衛戍區總司令，而主公的三個弟弟，又各領一千御林軍。當下，主公不僅自己出城，連三個弟弟及其人馬，一同出城。如此一來，這京都已無防禦可言。倘有圖謀不軌者，我等必死無葬身之地。」曹叡拿馬鞭指著桓範呵斥道：「如今朝野內外，一派和諧景象，處處呈顯正能量。惟你一人，神經兮兮，一味散播負能量。再掃興，殺無赦！」曹爽揮了揮馬鞭，近身的幾個衛士心領神會，撲上去，拖走桓範。見此情景，再無人敢諫言。曹爽遂帶上浩浩蕩蕩的祭祀隊伍，出城而去。

司馬懿聞報，那叫一個樂。兵貴神速，遂起舊部人馬，並家將千餘人，帶司馬師、司馬昭，全副武裝，徑入宮中，奏請郭太后，說曹爽背先帝托孤之恩，奸雄亂國，必

須將他拿下問罪。這突如其來的變故，令郭太后萬分震驚。不過，她倒不在乎曹爽的命運，而是擔心小皇帝曹芳的安危，說道：「天子在外，如奪了曹爽的兵權，天子的性命，豈不堪憂？」

寫到這裡，須理清一段曹魏後宮史。曹魏皇室，前後有兩位郭皇后，即曹丕與曹叡二帝的。當下說到的，是曹叡的皇后。曹叡死，曹芳即位，郭皇后遂為郭太后。這時，曹爽執掌朝政。不知出於什麼原因，曹爽逼郭太后「出居別宮」。《晉書・五行志》說，郭太后與年幼的皇帝曹芳「涕泣而別」。司馬懿發動政變時，拿這件事大做文章，觸動郭太后的疼處，她這才出手相助，決心扳倒曹爽。

郭太后擔心小皇帝的安危，司馬懿解釋道：「這個不用太后擔心，臣早有誅奸之計。太后按照臣的計策，降詔即可。」郭太后恩准。司馬懿急令太尉蔣濟、尚書令司馬孚，一同起草了個譴責性報告，由郭太后副署，也就是蓋上象徵皇權的大印（玉璽）。事畢，讓黃門侍郎出城，奏呈皇帝曹芳。行政上，黃門侍郎隸屬尚書省，但職責為皇帝近侍。皇帝與尚書之間的公文往來，即由黃門侍郎來完成。

曹爽名為祭陵，實為飛鷹走犬之樂。正玩得高興，忽聞城內有變。曹爽把黃門侍郎叫到馬前，不問青紅皂白，上來就是一通怒斥：「你們這幫黃門，動輒危言聳聽，唯恐天下不亂。皇帝在此，哪來什麼詔書？！全軍在此，哪來兵變？！來人，把這掃興之人斬了！」黃門侍郎急道：「大將軍且慢！太傅兵變，果有太后簽署的報告在此。」曹爽聞聽「太傅」二字，險些從馬背上跌落下來。

黃門侍郎捧上報告，跪於曹芳面前。曹芳接過來，反手轉呈曹爽，滿臉嗔意，心想：「這下好了，看你怎麼收拾亂局。」曹爽亦不拆封，令近臣拆開來宣讀。近臣不敢遺漏，逐字逐句讀來。那份報告，無非譴責曹爽背棄先帝詔命，敗壞國家及軍隊制度，攬權擅權，排斥異己，拉幫結夥；更指責其「私人勢力盤根錯節，放縱胡為……妄圖篡奪皇位，離間太后與陛下之間的關係，破壞母子之間的骨肉之情」。報告重點指出，必須解除曹爽、曹羲、曹訓、曹彥兄弟的兵權，免去其一切官職，僅以列侯的身分，返回各自府第。

曹芳聽畢，問曹爽：「太傅之言是也，卿如何裁處？」曹爽手足失措，一時不能決斷，惟涕泣而已。瞧瞧這一人之下萬人之上的大將軍，遇事竟然是一把鼻子一把淚。說何進是權有餘而智不足，曹爽連何進都不如，直如婦人。這樣的政治低能兒，擁有再大

的權力，也是枉然。

不大會兒，侍中許允、尚書令陳泰，奉司馬懿之命匆匆趕到，告訴曹爽，說：「太傅不為別的，只為大將軍權太重。我們來的時候，太傅再三交待，說只要大將軍放棄兵權回城，其他政治待遇，一切如常。」曹爽不僅信以為真，且感激涕零。他手中那麼多的軍隊，竟然不做任何抵抗，乖乖交出兵權，回到京城。結果呢？曹爽兄弟三人及其三族並追隨者，皆斬於鬧市。曹爽的家產財物，盡抄沒入庫。

隨之，曹芳封司馬懿為丞相，加九錫。這當然並非曹芳所願，他個十七八歲的孩子家，能左右得了什麼。司馬懿的簇擁者，同時也是朝中重臣，這些人會按照司馬懿的意思去請願，要求這，要求那。青年皇帝曹芳，是司馬懿的傀儡，只能照辦，又是丞相，又是九錫的加封。何謂九錫？就是古代天子賜給諸侯、大臣的九種器物，為最高政治禮遇。若哪位大臣加了九錫，通常認為是篡位信號。

這麼重的加封，司馬懿謙辭不受。王莽是這麼幹的，曹操是這麼幹的，曹丕也是這麼幹的，他司馬懿也得這麼幹。這叫什麼？叫做發揚虛偽透頂的政治傳統。弱勢一方的皇帝，還得配合這政治小把戲。曹芳不准司馬懿請辭，而且下令，讓他們父子三人同領國事。司馬懿這會兒不推三阻四了，畢竟他的兩個兒子司馬師與司馬昭，也都重權在身。打這兒起，即二四九年，魏帝國進入司馬懿時代。

司馬師絞死張皇后

兩年後，即二五一年，司馬懿病亡，他的兩個兒子司馬師、司馬昭，全面掌控魏帝國中央政府。這時的司馬氏兄弟，全無他們老子司馬懿的克制，處事張揚，無所顧忌。出入曹魏權力中樞，就如曹爽當年縱橫朝廷一樣，目無一切。就連皇帝曹芳，見了司馬師、司馬昭，都會嚇得戰戰兢兢，如芒在背。這情形，就跟當年獻帝劉協見了曹操一樣，戰戰兢兢。真可謂，一報還一報。

一天早晨，二十歲的曹芳按例出席中央辦公會，其他文武大臣，亦按時到位。帝國真正的主宰司馬師未到，大家要麼大眼瞪小眼，要麼垂首默然。皇帝曹芳，雖已成年，畢竟未能親政，他照樣在等司馬師的到來。現下的中央政府，是司馬師說了算，等人的等而下之，被等的等而上之，這是專制社會亙古不變的政治規律。等的時候，辦公廳內鴉雀無聲，等的人，誰都不希望司馬師出現的時候，自己沒聽見而錯過向其行注目禮的機會。錯過了，那是何等可怕的一件事，你可以目無君主，怎麼可以目無司馬師。

因為辦公廳內死寂一般，所以，司馬師及其隨從到來的時候，鏗鏘有力的腳步聲，彰顯尤甚。還沒見到司馬師的人影，曹芳的心臟，就已經開始劇烈跳動起來，他噌的站起，以示謙恭與禮讓。待司馬師入座，他方敢落座。這是說平常，今天大有不同，令曹芳震恐萬分，司馬師何以帶劍出席會議？他來不及多想，便誠惶誠恐，走下寶座，恭迎司馬師。司馬師見狀，壞笑道：「豈有君迎臣之禮？陛下且請回到自己的位置上，免遭居心不良者非議。」曹芳滿臉堆笑，恭維道：「將軍為國，日夜操勞，朕理當敬重。」司馬師不耐煩道：「我說過了，請陛下回到自己的位置，以便臣下奏事。」

曹芳哆哆嗦嗦，回到自己的寶座，然卻如坐針氈。曹芳欠著身子，努力向著司馬師的位置，集中精力，聆聽訓示。司馬師早已看出曹芳的形狀，滿心歡喜。他點頭示意，大臣們配合默契，把手頭上的工作一一彙報完畢。那曹芳目不轉睛，看著司馬師。司馬師則把呈報事項，哼哈作答，恩准的恩准，批示的批示，可謂精心剖斷，無一遺漏。這哪是呈報皇帝，分明是向大將軍司馬師報告嘛。待早會結束，司馬師一句「退朝」，連

看都不看曹芳一眼，便昂然而出。嚇得曹芳趕忙起身，送出大殿之外。群臣依序退出。但見殿外，數千軍馬，無數馬車，前遮後擁，保護司馬師走了。

曹芳落寞寡歡，回到後殿，陪伴左右者，僅三人而已。哪三人？中書令李豐，太常夏候玄，光祿大夫張緝。張緝乃張皇后之父，亦即曹芳之岳父。曹芳一改剛才恭維司馬師的謙謙笑容，一臉冰霜，對近侍道：「你等都退下！」李豐、夏候玄、張緝三人，知道皇帝有話要說，站在那裡，靜候吩咐。待近侍退下，曹芳道：「你等與朕，密室說話。」曹芳頭裡走，李豐等三人，謹小慎微，魚貫而入。尚未坐定，曹芳即死死抓住岳父張緝的手，嚎啕大哭。

三位大臣不知所措，慌忙跪倒在地。張緝道：「適才，臣等在大殿之上，未能作聲止惡，各有苦衷，還望恕罪。聖上如此淒婉，我等心碎矣。」曹芳哭道：「各位愛卿起來說話。」張緝等起身，且聽皇上怎麼說。曹芳略定了定神，說道：「朕先帝健在的時候，司馬太傅哪敢這等無禮？可太傅的兒子司馬師，竟如此對朕不恭，戲朕如小兒，覷文武如草芥。不用多久，怕這江山社稷，盡歸司馬師！」言訖，跺腳大慟。

李豐奏道：「陛下勿憂。臣雖不才，天下頗有聲名，以陛下之明詔，聚四方之英雄，剿滅此賊，想來不難。」夏侯玄亦表忠心：「臣之兄夏侯霸，並非謀反朝廷，只因懼怕司馬師兄弟，才投西蜀而去。今陛下若剿除此賊，臣之兄接報，必然回來，助一臂之力。臣乃國家舊戚，安敢坐視奸賊亂國？」曹芳疑慮道：「朕知道你等忠心耿耿，然那司馬賊，權傾朝野。就是四方的英雄聚合起來，怕也敵不過他。」

曹芳所言，正是皇室一族所面臨的殘酷現實。左也不行，右也不行，如何是好？活人豈能讓尿憋死？李豐、夏候玄、張緝決心孤注一擲，背水一戰，三人誓言：「臣等願舍三族之性命，以報陛下知遇之恩！」這話說的何其重也！縱然司馬師滅他們三族，也要決一死戰。這種雞蛋碰石頭的莽撞舉動，前朝的董承、劉協等，都試驗過了，雞蛋碎了一地，何以不知教訓？這就是政治上的一葉障目。

曹芳脫下龍鳳汗衫，咬破指尖，寫下血詔，授與張緝，遂囑咐說：「朕武祖皇帝誅董承，蓋由血詔引起。歷史的經驗，血的教訓，就在眼前，卿等切記小心，不可泄外！」這真叫明白人做糊塗事，明知山有虎，偏向虎山行，這什麼心態呀。李豐道：「陛下何故出此不利之言？臣等非董承之輩，司馬師又安能比武祖？陛下勿疑。」歷史

的相像，有時完全出乎人們的想像。這不是董承事件的複製品嗎？

李豐、夏候玄、張緝三人辭別曹芳，至東華門左側時，正面迎見司馬師帶劍而來，從者數百，皆持兵器。三人立於道傍，給司馬師讓路。司馬師並不領情，惡狠狠問道：「早散會了，你三人何故現在才出大殿？」李豐解釋道：「聖上在內庭看書，我三人侍讀來著。」司馬師追問道：「聖上看的什麼書呀？」李豐說：「夏、商、周三代之書。」

李豐的回答，就沒邊的很了。一時之間，如何去看三代之書？破綻即出，司馬師豈肯放過，他繼續問道：「聖上可問你等三代故事？」李豐道：「聖上問伊尹扶湯、周公攝政之事。我等皆奏，說今之司馬大將軍，勝比伊尹和周公。」司馬師冷笑道：「你等嘴上將我比作伊尹與周公，其內心實比我為王莽、董卓。」三人知道大事不妙，齊聲解釋：「我等乃將軍門下之人，安敢如此？」司馬師怒道：「你等乃口是心非之輩！適間，你們與聖上在密室中抱頭痛哭，是怎麼回事？」三人矢口否認：「哪有這種事，將軍不要聽信小人讒言。」司馬師叱之道：「看看你三人的眼睛，都哭紅了，尚且抵賴嗎？」

夏侯玄那叫一個沉不住氣，猜想事泄，再無迴旋餘地，乃忿然大罵：「司馬賊，你說對了，我等剛才是哭來著。你知道我等為什麼要哭嗎？為你挾天子以令諸侯，為你視人如草芥，為你威震我主，為你戲謔我主！」司馬師大怒，喝令武士，將夏侯玄拿下。夏侯玄不甘就範，挽胳膊，擼袖子，拳擊司馬師。一武士見狀，快手出錘，擊倒夏侯玄。司馬師道：「一併將這三個反賊拿下！」眾武士撲將上去，遂將李豐、夏侯玄、張緝三人五花大綁。司馬師道：「搜搜他們身上，可有贓物。」一武士，於張緝身上搜出一龍鳳汗衫，上有血字。左右呈與司馬師，原是一封密詔，但見上面寫道：

司馬師弟兄共持大權，將圖篡逆。所行詔制，皆非朕意。望各部官兵將士，同仗忠義，討滅無端，匡扶社稷，天下幸甚！（〈司馬師廢主立君〉）

司馬師看畢，勃然大怒：「原來你等在謀滅我三族！我以忠義之心待人，反招惡報。你一個個活膩了！」遂下令，當即將三人腰斬於市；三人的三族，盡皆誅滅。三個蠢貨的不慎，給無辜的家人，帶來滅頂之災。想來，這是另一意義上的行歹吧。

軍隊這邊剿滅李豐、夏候玄、張緝三族，司馬師那邊直入後宮。曹芳正與張皇后商議此事，皇后埋怨道：「司馬賊內庭耳目眾多，倘若不小心走漏風聲，必連你我！」夫妻二人，越想越怕，遂相擁而泣。這時，忽見司馬師帶劍入內，張皇后驚倒於榻下。司馬師按劍與曹芳道：「臣之父立陛下為君，此功不在周公之下。臣今為陛下所做的一切，與伊尹又有什麼區別？陛下今恩將仇報，視臣如王莽、董卓之輩，這到底是為什麼？」曹芳戰慄道：「朕無此心。」司馬師袖中取出汗衫，擲之於地上：「那這又是什麼？」

曹芳見自己的血詔，落入司馬師之手，遂魂飛天外，魄散九宵，他戰慄作答：「這都是李豐等人所逼使然，你就是借朕十個膽子，朕也不敢生有此心。」司馬師道：「可惜了李豐等人對陛下一片忠心，臨了，陛下卻反誣他們圖謀不軌。本將軍真替他們心寒！陛下自己說，張緝參與其中，該如何處置皇后？」曹芳默然無語。司馬師再三催逼，曹芳無計可施，跪下求饒道：「理當連坐，但還望大將軍看在君臣一場的面上，饒恕皇后！」

司馬師冷冷道：「陛下請起。」曹芳以為有了轉圜，迅疾從地上爬起，尚未開口，但聽司馬師接著說道：「陛下，赦免皇后，豈不壞了國法？」曹芳預感到不祥，急切問道：「那李豐、夏候玄、張緝等人安在？」司馬師道：「三人已斬，三族已滅，就剩皇后了！」曹芳聽罷，癱坐於地。

司馬師遂令士兵：「快把皇后推出去，滅了！」人死如燈滅，說得好不輕巧。張皇后知道絕期在即，跑過去跪下，死死抱住曹芳：「陛下保重，就此一別。」她本想站起來，觸柱而亡，一個武士一把將她拽住。司馬師狠狠道：「想自盡，哪有這麼便宜的事。拖出去，將皇后勒死。」曹芳皇帝痛哭流涕，叩頭求饒。司馬師不屑一顧：「此輩害我，豈能免死？」說完，拂袖而去。

不大會兒，張皇后被拖到東華門，幾個武士把一道白練，在張皇后脖頸上纏了兩圈，遂做拔河狀。張皇后一句「司馬賊」沒罵完，便一命嗚呼。羅貫中評論張皇后之死，稱之為「此乃曹操之報應也」。

次日，司馬師主持中央政府辦公會，以曹芳荒淫無道為由，將其廢黜，另立曹髦為帝。此為何年何月？二五四年十月。

司馬昭弒曹髦帝

司馬氏父子三人，在魏帝國各領風騷三五年。司馬懿殺大將軍曹爽，司馬師殺張皇后，到了司馬昭，直接殺皇帝。這父子三人，一個比一個狠。這也難怪，司馬氏後來所建立的晉帝國，出現八王之亂，出現同根相煎的血腥亂局。史家稱司馬家族為虎狼之家，一點不為過。

現在，我們就來說說司馬昭是如何弒君的。先從司馬昭與賈充的一段對話說起。這天，司馬昭把中護軍（職掌禁軍，總領諸將）賈充叫到自己的辦公室，徵詢說：「我有伐蜀之意，你看如何？」賈充說：「以當下國內的形勢，怎麼能允許這樣大規模的軍事行動呢？」司馬昭不解：「國內形勢怎麼了？」賈充說：「難道主公沒有發現聖上的異常嗎？」司馬昭很是吃驚：「哦？這我倒沒有看出，你快說說，聖上怎麼個異常法？」

賈充道：「聖上懷疑主公久矣，你一旦出兵伐蜀，國內必生變亂。那時，不可收拾。」司馬昭道：「聖上疑心，我如何不知。這朝中內外，人心無不歸順於我，聖上能出什麼麼蛾子？」賈充不以為然：「螻蟻雖小，可潰千里長堤，又何況聖上呢？主公可否知道聖上最近的那首〈潛龍詩〉？」司馬昭道：「軍政大事纏身，哪有什麼工夫關心風月之事。你倒是說說，聖上寫了首怎樣的詩？」賈充清了清嗓子，吟誦起來：

傷哉龍受困，
不能躍深淵。
上不飛天漢，
下不見於田。
蟠居於井底，
鰍鱔舞其前。
藏牙伏爪甲，
嗟我亦如然！

司馬昭聞之震怒：「好大膽，竟然譏我為鰍鱔！聖上這不是要效曹芳嗎？」司馬昭指示賈充：「你可隨機應變，如有需要，格殺勿論！」賈充道：「主公放心，一切盡在掌握之中。」司馬昭遂對親隨成倅、成濟兄弟二人道：「你等從今天起，聽從賈充調遣。」三人領命而退。三人之中的賈充，後來成為晉朝開國元勳，其女兒賈南風皇后，是出了名的毒婦，亦是八王之亂的罪魁禍首。

閒話少敘。話說二六〇年四月的一天早會，司馬昭帶劍上殿。司馬師在世的時候，帶劍上殿，身為皇帝的曹芳，起身恭迎。司馬昭玩這一手的時候，曹髦皇帝不僅沒有起身，且側目相待。司馬昭哪受得了這個，他頓時暴跳如雷：「陛下何以如此看我？」十九歲的青年皇帝曹髦被司馬昭這突如其來的怒火，嚇得呆若木雞，只得把頭低下，默然無語。群臣為平息司馬昭怒火，皆大聲奏報：「大將軍功德巍巍，當為晉公，加九錫。」

曹髦低頭不答。司馬昭厲聲責問道：「我父兄三人，於國有大功德，面對群臣的意見，陛下默不作聲，是個什麼意思？莫非不從？」曹髦戰慄道：「誰敢不從？」曹操的魏公之爵位，是伸手向劉氏皇室要來的；司馬昭的晉公之爵位，是向曹氏皇室要來的。一報還一報的事例，在三國時代，可謂比比皆是。

曹髦同意加封司馬昭為晉公，這並不能平息司馬昭內心的怒氣，他直截了當，在中央辦公會上，就曹髦的詩作，進行質問：「陛下的〈潛龍詩〉，何以譏笑我等為鰍鱔？」曹髦終於明白，司馬昭今天的無名之火，原來來自他的那首詩。那的確是不能示於當政者的，他該明白，他是傀儡，乃至是政治地位低於平民的傀儡，說什麼，不能說什麼；做什麼，不能做什麼，他該清清楚楚，不可僭越。如今，他的詩惹來政治麻煩，無計可施。恐懼令曹髦汗濕脊背，他惟一能做的，就是大氣不出，聽天由命。略尷尬了一陣，司馬昭冷笑下殿。散會後，曹髦回到後宮，啼哭不止。劉氏後期的皇帝，曹氏後期的皇帝，全這副德行，每遇挫折，猶作婦人狀。怕大多婦人，遇事亦未必如此。

在中國的歷史長河中，我們見過太多的文字獄，但那都是帝王、領袖牽強附會罪責他人的。換句話說，帝王與領袖是加害方，而大臣或知識份子或平民，是被加害方。然在司馬昭與曹髦這裡，卻顛倒了過來，皇帝的詩竟成了反詩。曹髦自然不肯就此善罷甘休，誰讓他是皇帝來著。在皇帝的心目中，他們是一言九鼎的主兒，如今被臣下剝奪

了這至尊的權力，當然要反擊。次日，曹髦即詔侍中王沈、尚書王經、散騎常侍王業三人，入後宮計議對策。

歷史的不斷重演，讓後來的評說者，也往往感到厭煩。前面剛剛說了個曹芳，如何與心腹反擊，失敗了，一顆顆血淋淋的人頭落地。還不接受這教訓嗎？哪能，人一坐到皇帝寶座上，就以為無所不能了。曹髦叫來王沈、王經、王業（多巧，跟曹芳哭訴的對象一樣多，亦是三人），在他們面前哭訴道：「司馬昭篡逆之心，路人皆知。朕豈能坐受恥辱，故請卿等，同討逆賊。」

王經奏道：「不可以的。春秋時代，魯昭公不忍季氏，敗走失國，為天下人所恥笑。今朝廷大權，早已落至司馬氏之門，內外公卿及四方之士，皆為其幫閒走狗。司馬氏如此勢力，豈是我等撼動得了的？再者說，陛下身邊的禁兵親隨，幾無一人可用，又如何去討逆呢？今若不能隱忍，是必惹來殺身之禍。陛下不可輕舉妄動！」

曹髦惱羞成怒，從懷中取出黃素詔，擲於地上：「是可忍，孰不可忍！朕意已決，何懼一死？話又說回來，誰能斷定，敗亡的就一定是我等來著？」說完，這位十九歲的莽撞皇帝去了後宮，把他偉大而愚蠢的計畫，告知了郭太后。

不說郭太后的反應，但說王沈與王業，二人合計，如若免遭三族屠滅，需急往司馬府告發。王經聞之大怒：「不幫聖上倒也罷了，怎麼還賣起主，求起榮來了？」王沈與王業見王經不相謀，義無反顧，徑到司馬昭府，賣主去了。

我們並不知道郭太后的態度（史料顯示，太后與皇帝關係不睦），但卻知道，無所畏懼的青年皇帝曹髦，很快便組成三百多人的作戰隊伍，去攻打司馬昭。這是怎樣的三百人呢？有護尉焦伯、殿中宿衛、蒼頭、官僮。說這支隊伍是烏合之眾，都抬舉他們了。王經見曹髦仗劍乘輦，吆喝左右出發，立刻伏於輦前大哭勸諫：「陛下領數百人伐逆，無異於驅羊入虎口。臣不是怕死，實不可為也！」曹髦道：「我軍已行，卿勿阻擋。」遂揮軍前行。真可謂，唐吉訶德戰風車。

司馬昭那邊，早已聞報，令賈充及成倅成濟兄弟，鐵甲禁兵數千，披盔戴甲，嚴陣以待。這是怎樣的一個對比呀！美國攻打阿富汗、伊拉克、利比亞，被稱之為不對稱的戰爭。而曹髦與司馬昭的對決，更是少有的不對稱之戰。這一出，猶如兒戲，讓人捧腹不得，譏笑不得，心酸不得。總之，令人難以評說。

對陣之際，曹髦仗劍大喝：「我乃天子也，你等突入宮庭，是想弒君嗎？」禁兵

面面相覷，不知如何是好。賈充對成濟道：「司馬晉公養你何用？」成濟抄戟在手，問道：「殺了他，還是逮捕他？」賈充以不容置疑的口氣道：「司馬晉公有令，只要死的！」成濟挺戟，直奔輦前，要行刺皇帝。

曹髦大喝一聲：「匹夫無禮！」言未訖，成濟之戟，已刺中前胸。曹髦哎呀一聲，跌下輦來。成濟大呼道：「奉晉公之命，弒這無道昏君！」說完，邁步向前，又是一戟，曹髦當即斃命。護尉焦伯挺槍迎戰，被成濟一戟，刺死於輦傍。餘下的三百多人，見狀逃之夭夭。王經隨後趕來，大罵賈充道：「弒君的逆賊！」賈充大怒，令左右將王經拿下。

事端平息，司馬昭方前來勘驗。見曹髦已死，假裝大驚，以頭撞輦，又哭又跳。司馬昭表演完，令人速報各大臣知道。朝中大臣聞訊，紛紛趕來。因為大家都是司馬昭的人，也就都揣著明白裝糊塗，個個義正言辭，要求懲治弒君者。這意圖很明顯，大臣們這是要給司馬昭解套呀。但事情的進程，走著走著就有些偏離，尚書僕射陳泰堅持說：「惟有斬殺罪魁禍首賈充，方可以謝天地。」這是司馬昭未曾料到的，他沉吟良久，提出一個折中方案：「成濟弒君，大逆不道，可推出剮之，滅其三族。」陳泰默然，是以妥協。

成濟聞言，大有被耍的感覺，遂破口大罵：「你這千刀萬剮的司馬賊！並非我要弒君，是你親口傳命，令我弒君！」司馬昭道：「亂臣賊子，竟敢血口噴人，先割了他的舌頭。」一群狼般的士兵得令，撲上前去，打的打，捆的捆，割舌頭的割舌頭。瞬間，成濟已成血肉模糊之軀。司馬昭再次下令：「盡誅成濟成倅兄弟三族。」數千的士兵，如風雷般，趕至成氏兄弟府宅，殺了個乾乾淨淨。這就是成氏兄弟助紂為虐的下場。

一場政治危機，就這麼畫上一個血淋淋的句號。隨後，司馬昭入後宮，啟奏郭太后，編瞎話說：「逆主曹髦，欲興兵弒殺太后及大臣，現已被成濟弒之。成濟弒君，亦大逆不道，臣已將其滅族。另有王經參與宮廷政變，尚未伏法，請太后降詔除患，以安人心。」郭太后倒也蠻配合的，下詔斬了王經全家。

不久，司馬昭立曹奐為帝。此即魏帝國的最後一位皇帝。

第四章
亡命徒的遊戲

圖片來源：維基百科／作者：玖巧仔

涼州
酒泉
張掖
匈
奴
羌
氐
司隸
金城
安定
狄道
隴西
北地
五丈原
長安
天水
雍州
右扶風
武都
陰平
漢中
魏興
梓潼
巴西
汶山
成都
東廣漢
宕渠
巴東
新城
宜都
漢嘉
犍為
巴
涪陵
南廣
越嶲
益州
朱提
牂柯
荊
永昌
雲南
建寧
興古
西隨
鬱林

馬屁之戰

三國有名的戰役，如官渡之戰、赤壁之戰、夷陵之戰，本章都沒有興趣涉及。下面要說的，是讀者並不熟悉或並不熱衷的幾場戰役。第一個要說的，是發生在一九三年的一場戰爭，我把它命名為馬屁之戰。

中國歷史上這場非凡的戰爭，起源於徐州市長（太守）陶謙拍曹操之馬屁。怎麼回事呢？事情是這樣的，曹操自開闢兗州根據地後，以為諸事順遂，便想到他的家人。意思就是，雖不能衣錦還鄉，但卻可以把家人接來，同享福貴。我們讀《水滸傳》，就讀出了這層意思，宋江等有了自己的根據地梁山，便紛紛把自己的家人接來，分享他們打家劫舍的革命果實。我略略統計了一下，有十二家老小，搬上梁山，分別是：阮家老小、宋江老小、李應老小、朱仝老小、彭玘老小、凌振老小、徐寧老小、韓滔老小、柴進老小、蔡福老小、蔡慶老小、關勝家眷。最不幸的要數李逵，半途中，他的老母親不幸給虎吃了。曹操的家人，亦半途中遭遇滅頂之災，但那是人禍。接下來，就讓我們從頭說來。

曹操的父親曹嵩及家小，現隱居瑯琊郡，遷來兗州，路途遙遠。這當然是指古時候，今天從兗州到琅琊郡（今山東省臨沂市以近），一百五十多公里，坐車幾個小時就到了。三國時代就不同了，別說拖家帶口遷移，就是軍隊行軍，也稱得上遠途。因此，遷家小來兗州，是一項繁重的任務，更況天下不靖。曹操左思右想，決定讓泰山最高行政長官應劭太守，去完成這項艱巨的任務。

應劭知道這是曹操抬舉自己，也不敢怠慢，遂選一批精明能幹的人，隨他一同上路。見曹操派人來接，曹嵩很是高興，就跟兒子曹德商量，是不是儘快上路。這個曹德，我們說他是曹操的弟弟，是基於歷史事實，可不知為什麼，羅貫中將他表述為曹嵩的弟弟。這裡正本清源，主要怕引起讀者的誤會。

去享富貴的事，這還用得著商量嗎？曹德也有些迫不及待，就說：「爹呀，那就撿個黃道吉日，趕快上路吧。」曹嵩掐指算了算，就說哪天哪天吧。接著安排應劭等人住

下，好吃好喝的待承。曹德也不閒著，第一時間，把這消息說給妻妾兒女知道，闔家可謂是歡天喜地。

黃道吉日已到，曹嵩一家老小四十餘人，僕從百餘人，整裝出發。曹氏家族一行，人馬數百車百輛，跟應劭等人，繞道徐州，去往兗州，那真個是，浩浩蕩蕩，炫目至極。令人不解的是，曹嵩一行因何繞道徐州去兗州。自琅琊郡往西北方向，可徑直抵達兗州。繞道徐州，完全是背道而馳；先南下徐州，再北上兗州，繞了一個大大的U形線（我配了一幅大致相當的地圖，以加深印象。本節全部故事軌跡，均包含在這幅圖裡）。迂迴式的旅途安排，想來與軍閥割據、強盜橫行，有密切關係。

此時的曹操，雖未坐穩天下，但在群匪崛起的時代，顯然已擁有相當的實力。大名在外，人皆仰慕。那徐州市長陶謙，聽說曹操家人路過轄區，趕緊湊上前去，竭力巴結。這目的也無非是，曹操橫

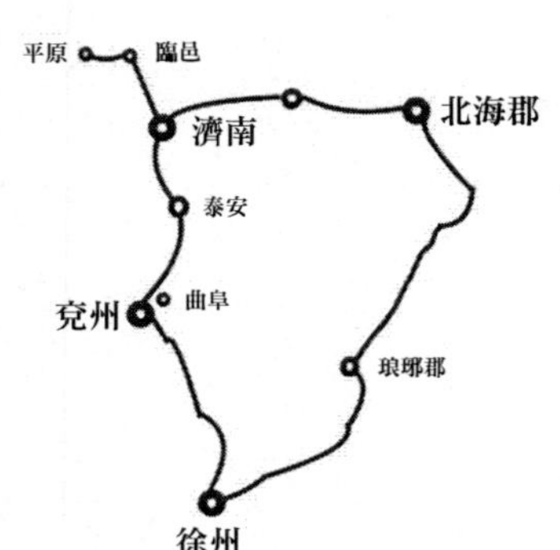

掃天下的時候，網開一面，不要掃著他的徐州；即便掃著徐州，也不要掃著他頭頂上的那頂烏紗帽。陶謙抱持這麼一顆虔誠之心，出城幾十里，親迎曹嵩一行。

陶謙遠迎曹嵩的情形，羅貫中是這麼寫的，「如父事之，大設筵會」。也就是說，陶謙把曹嵩當做父親來對待，大設酒宴，接風洗塵。瞧陶謙這馬屁拍的，可謂叮噹作響，有聲有色。陶謙這不成馬屁精了嗎？可羅貫中又讚他「溫厚純篤」。一個見風使舵、拍馬溜須之人，如何算得上溫厚純篤呢？如果誰去讚小偷為君子，人人都知道那是罵詞。讚一個見風使舵、拍馬溜須者溫厚純篤，我們又有什麼理由不看做是罵人的話呢？知道了吧，把人往反了說，就是罵人。但我相信，羅貫中絕非此意，只是他不謹慎，本來要讚那陶謙來著，卻變讚為罵了。

寫到這裡，我還有個疑問，說陶謙對曹嵩「如父事之」，是不是超出邏輯範疇。一九三年，曹嵩多大年紀？查無實據，但我們知道曹操這一年的年齡，三十八歲。以此推算，曹嵩大約六十歲左右。這一年陶謙多大？六十一歲。也就是說，曹嵩與陶謙同齡人，陶謙卻把曹嵩當做父親來伺候。那陶謙也未免太猥瑣無狀了。這樣的人，又何談溫厚純篤。所以，我寫本書時，感受最多的就是：三國無好人。

回到原題。陶謙在徐州，一連數日，把曹家老爺子伺候得美美的，這還不算，臨走的時候，且派張闓率五百軍人，護送曹嵩老小前去兗州。時至夏末秋初，雨水較多，這天正走在路上，大雨說個下，便驟然而至。曹嵩一行數百人，就附近一座古寺歇腳。那小寺僅和尚三五人，廟小人多，無法安居那麼多人。曹嵩及少數親隨，得有床榻安歇，餘外數百人馬，只好於廊下避雨。小廟能有多大的廊道？廊裡廊外的軍人，很快成了落湯雞。大家那個抱怨，吭嗆作怪的，罵爹罵娘的，一時怨氣沸騰。

負責護送的張闓，暗想不能壓服手下的士兵，腦際之中，劃過一絲惡念，遂投石問路，試探身邊的幾個心腹，說道：「這又不是咱親爹，合得著這麼死力孝敬嗎？」身邊的一個副官道：「誰說不是，就是親爹，咱也沒有這等伺候過。這黑燈瞎火的，又是閃電，又是雷鳴，又是雨水，弟兄們個個泡在泥水裡，遭的什麼罪！」

張闓知道有門，遂悄悄帶上心腹多人，至一僻靜處，秘議道：「我等本是黃巾軍，如今投降陶謙，也沒見到什麼好處。見今押著無數的富貴不取，更待何時。」說得大家，熱血沸騰，個個摩拳擦掌，恨不得當即採取行動。張闓道：「曹嵩家丁，還有那應太守隨身的親兵，個個威猛，豈可輕舉妄動？耐心到三更起事，先幹掉家丁及親兵，再滅曹氏家人，何愁富貴不到手。」眾皆贊和，各歸原位，靜待行動信號。

待到夜半三更，曹家家丁，果然個個睡死。那曹氏一族老小，更是帶一身的疲倦，放開膽子，進入夢鄉。張闓輕聲道：「幹了！」早已分撥好的士兵，各自為戰，不大會兒，寺廟裡便喊殺震天，火光四起。隨之，曹氏一族，伴隨著哀嚎聲，一一踏入鬼門。張闓等將曹家財物，洗劫一空，遂與五百追隨者，連夜逃往淮南，落草為寇去了。

泰山太守應劭及其親兵，因在遠離寺廟的一個破茅屋歇腳，僥倖逃過一劫。夜裡，他們被喊殺聲驚起，待趕至寺廟，張闓等早已逃得影兒也無。應劭捶胸頓足，心想：「以為完了這件功德，曹操定會重重賞我。不想，天降橫禍，曹操還不生生剝了我的皮。」想到這裡，汗流浹背，遂決定帶領數十親兵，前去投奔袁紹。

應劭手下有個軍士，開小差逃回兗州，據實稟報。曹操聽說全家被殺，立時哭倒於地。夏侯惇等將曹操救起，安慰說：「此乃陶謙之過，可令人問罪。」曹操切齒道：「殺父之仇，極天際地，如何不報！速起大軍，盡赴徐州，所轄之地，草木不留！」這便是我謂之馬屁之戰的來由。

曹操調兵遣將，部署作戰計畫，留荀彧、程昱領軍馬三萬守鄄城、范縣、東阿三

縣，其餘軍隊，盡數向徐州開拔，令夏侯惇、于禁、典韋為先鋒。曹操下令，一路之下，但得城池，盡行殺戮，以雪父仇。部署完畢，各作戰單位，迅速投入武裝整備之中，後勤部隊，更是日夜不停，調糧集草，一派繁忙的備戰景象。

曹操在巨大的悲痛之中，說出喪失理智的話，下達喪心病狂的指令，都在情理之中。但真要付諸實施，那就是亡命徒之所為、地痞流氓無賴之所為了。曹嵩等被殺，歸根結底，只是張闓之流之所為，與徐州百姓無關。曹操要起大軍，對徐州實行「草木不留」的屠戮政策，如此遷怒百姓、殃及無辜，實在是前所未有的屠夫行為。

相信讀者還記得陳宮這個人吧，當年他棄官追隨曹操，不想，看到曹操流氓的一面（屠殺恩人呂伯奢及其一家），遂連夜逃走。如今的陳宮，正寓居他的老家東郡，也就是今天的河南濮陽與滑縣一帶。陳宮與陶謙要好，知道老朋友弄巧成拙，闖下大禍，乘一匹快馬，星夜前往兗州，替陶謙求情。

曹操念舊，請陳宮到辦公室裡敘談，然那曹操又懷記前嫌，不給陳宮賜坐。陳宮也顧不了許多，直言道：「我在東郡聽說，明公盡起大兵，下徐州報尊父之仇。我還聽說，大兵所到之處，所經之地，格殺勿論。州縣百姓，與明公無冤無仇，何以草木不留？再者，陶謙乃仁人君子，非剛強好利之輩，這大家都知道。尊父之死，非陶謙所為，這大家也都知道。明公是非不分，遷怒陶謙，遷怒百姓，是何道理？望明公三思然而後行，則陶謙幸甚，百姓幸甚。」

曹操勃然大怒：「好個陳宮，昔日你不辭而別，如今還好意思跑來說三道四嗎？陶謙作惡，我誓必摘其膽，剜其心，以祭家人。你與陶謙有舊，跑來遊說，亂我軍心。念你我曾為舊好，不予責罰，快快去吧。」陳宮弄了個沒趣，騎馬至陳留，投在太守張邈門下為幕僚。

備戰停當，曹操親自率部前往徐州。曹軍所到之處，真個雞犬不留，山無樹木，路絕行人。不日，大軍即到徐州，團團圍住城池，準備決一死戰。陶謙在徐州城內，聞曹軍城外屯紮，來報父仇，仰天慟哭道：「我獲罪於天，致使徐州百姓受此大難！」又聞曹操一路盡殺沿途百姓，遂遷怒張闓，大罵道：「逆賊貪財，殃及生靈！」罵歸罵，還得緊鑼密鼓，召開戰前會議。曹豹獻言，說：「既然曹軍壓境，豈可束手待斃！我願出戰破敵。」眾官附和。陶謙只得硬著頭皮，帶隊出城，與曹操對陣。

出得城來，陶謙見曹軍陣營如鋪霜湧雪，白旗中間，有靈幡二首，一書曹嵩名爵，

一書曹德靈魂，大展「報仇雪恨」二旗。一家之仇，全軍報之，可謂公報私仇至極。見陶謙露面，曹操一身孝衣，縱馬出陣，含淚揚鞭大罵：「無端逆賊，竟敢傷我家父！」

陶謙亦出馬於門旗之下，馬上欠身，與曹操施禮，說：「陶謙本想結好明公，故托張闓護送。不想賊心不改，以致於此。實不干陶謙之故，望明公憐察，恕我不周之罪。」曹操大罵道：「老匹夫！你殺我家父，尚敢狡辯！」遂問身邊的戰將：「誰可生擒老賊，享祭亡魂？」夏侯惇應聲而出。陶謙撥馬而逃，曹豹挺槍躍馬，與夏侯惇戰在一處。曹豹難敵夏侯惇之勇，回馬便走。兩軍隨之大亂，曹操趁勢收兵，再做部署。

陶謙率部回城，與部將及幕僚商量說：「這次出城，我留心觀察，發現曹操陣容強大無比。以我之兵力，實難抵擋。就這麼對峙下去，我橫豎都是一個死。你們還不如將我綁了，送到曹營，任其處置。如然，可救徐州一城的百姓。」

糜竺以為不可，他說：「辦法有的是，為什麼要行此下策呢？北海郡太守孔融，是個講義氣的人，我當親自去一趟，請求其起兵救援，想來他不會不給這個面子。再使人去趟青州，求田楷出兵相救。這二路軍馬倘若前來夾攻，曹操必然退兵。」陶謙大喜，遂給孔融、田楷二人寫信。寫完忙問：「糜竺去北海郡，那麼誰願去青州？」廣陵謀士陳登說：「那就我去吧。」

事情的複雜性，往往超出人們的想像。原本是曹操發孝心，接他的父親去享天倫之樂。結果，碰到拍馬屁的陶謙；一不留神，陶謙手下的人，害了曹家幾十口人的性命。曹操惱怒，殺奔徐州，找陶謙報仇。對也罷，不對也罷，事情到此，曹操對陶謙，也還說得過去，這叫做冤有頭，債有主。在一個充滿不確定因素的世界裡，每一個人，都有可能觸發某一事件，或偶然，或不慎，無論原因幾何，最終，觸發事件的人，都沒有能力控制事件的發展方向。第一次世界大戰由十九歲的塞爾維亞青年普林西普刺殺奧匈帝國皇儲斐迪南大公夫婦引起；突尼斯本•阿里獨裁政權的倒臺，由二十六歲的小販布瓦吉吉引起。一九三這場駭人聽聞的馬屁之戰，由陶謙恭維曹操引起。

本來嘛，陶謙拍馬屁只是人情世故的一部分，不料節外生枝，演變成一場戰爭。到曹操對陶謙，一對一，也就到頭了。然則，麋竺獻計，便把問題擴大化了。這如同二〇一六年（以下簡稱同年）的南海問題，之前，南海爭端是聲索國之間的事，菲律賓感覺中國在南海問題上過於強勢，就拉美國、日本進來。美國和日本原本就想進來，菲律賓一伸手，美日一搭手，他們便手拉手，進了南海。美國說，那澳大利亞，咱們是盟友，

我在南海有巡邏行動，你也來吧。就這樣，澳大利亞也進來了。美國又向印度喊話，說咱們有雙邊軍事合作，我們美軍在南海有行動，正好你也有「東向行動」，一起來吧。同年五月二十日，印度遂派四艘軍艦，部署南海，感覺比日本還要激進。同年六月五日，法國國防部長讓伊夫・勒德里昂在新加坡香格里拉會議上，呼籲歐洲各國的海軍在南海保持「常規和可見」的存在，以「維護海洋法和航行自由」。同年六月十八日，美軍的雙航母戰鬥群，罕見地出現在西太平洋，與南海僅菲律賓之隔。同年七月十二日，海牙國際仲裁法庭做出最終裁決，否定了中國對南海主權主張的法律和歷史基礎，連帶台方控制的太平島，也被判定為礁石。儘管中國政府認為這樣的判決荒謬，然這份裁決卻成為很多域外國家外交表態的基礎，其中以美國的表態最為清晰，甚至可用罕見來形容。在南海案仲裁當天，白宮國安會亞洲事務高級主任康達說，南海為美方「最高國家利益」。同年八月三日，新加坡總理李顯龍訪美期間表示，海牙仲裁庭的裁決對各國的主權聲索做出了「強而有力的定義」。同年九月二十九日，李顯龍在東京都發表演講，繼續就南海仲裁發表見解，說「世界不能沒有規則」，聲稱「中國應遵守該結果」。李顯龍強調說：「在沒有法治、大國可隨心所欲行動的世界上，像新加坡這樣的小國將失去生存餘地。」他認為作為維護國際秩序的框架，「國際法很重要，《聯合國海洋法公約》也十分重要，尊重法律的國家越多越好」。很明顯，新加坡也站到中國的對立面。日本首相安倍晉三及外相岸田文雄，更是借用任何的外交場合，向中國政府施壓，要求接受南海仲裁。接著就是越南、印尼、馬來西亞、汶萊等等，都會一一跟進，南海遂成巨大的角鬥場。三國時期陶謙治下的徐州，實際就處於南海這麼一個境地，那叫一個亂。我們且耐著性子，往下看徐州亂局。

前面說了，麋竺負責去北海求援，那麼這北海郡到底在哪兒呢？以今天論，就是山東省濰坊市的所在地。孔融乃曲阜人，孔子的二十世孫。一說起孔融，我們的印象裡，往往只有他讓梨的故事。其實，遠不止於此。孔融有句名言，叫做：「座上客常滿，尊中酒不空，吾之願也。」可見他的人際觀。就是他為官北海六年，也不曾有失，是以深得民心。

但說孔融，聽說陶謙被曹操圍城，不免作難，說：「你看看，陶謙是我的朋友，可曹操同樣是我的朋友。兩個朋友打起來了，一個朋友要求我去幫著打另一個朋友，於情於理都無法做出抉擇。這可怎麼辦呢？」琢磨了半天，想出一個折中的辦法，他對麋竺

說：「這樣吧，我先遣人送信到曹操那裡解和，如其不從，再起兵不遲。」

孔融的這個決定，使我想起一件軼事。孔融幼年，是出了名的聰明。他十歲那年，去拜見河南尹（地方政務官）李膺。李膺乃等閒不能相見的人物，除非是當世大賢，通家子孫，方可登堂入室。李膺的門吏說：「小娃娃，你什麼人呀，也要來見我們大人？」孔融說：「我乃李大人的通家子孫。」李膺的門吏一聽：「哇，這小娃娃大有來頭，那就請吧。」待孔融入內，李膺一臉的茫然，心想：「咦，咱不認識這通家的孫子。」遂道：「小娃娃，你說你祖上與咱家祖上通著家，可咱家不認識你。」孔融說：「先君孔子與大人先尊李老君[1]，同德比義而相師友，則孔融與大人累世通家也。」你看，竟是這麼個「通家子孫」，扯得好遠，也可見孔融，是有那麼點強詞奪理的小聰明。

一老一少正說著話，太中大夫陳煒前來拜見，李膺指著孔融，對陳煒說：「這小娃娃，真神童也。」陳煒不屑一顧道：「小時聰明，大未必聰明。」孔融童言無忌：「照陳大人這麼說，你小的時候想必愚濁了？」引得滿堂哄笑。

拿上面這個故事，去印證陳煒「小時聰明，大未必聰明」的話，再正確不過了。孔融小時候是有些聰慧，但大了就不免糊塗。你與那曹操、陶謙皆交厚，怎能勸和不成，就站到朋友陶謙一邊，與另一個朋友曹操兵戎相見呢？這種決策，真乃愚蠢之至。後來，孔融被曹操滅族，與他的愚蠢不無關係。

就在孔融給曹操寫信時，手下報告，說黃巾軍殘部，前來攻城。怎麼又是黃巾軍？九年前那會兒，不是把他們給滅了嗎？滅是滅了，那是黃巾軍主力，但其殘部，或藏軍於民，或落草為寇，或投誠伺機東山再起，這幾類黃巾軍，遠沒有清剿乾淨。殺害曹操一家的，正是心懷叵測的這樣一群投誠者。當下這個節骨眼上來攻打北海郡的，則是一夥黃巾軍殘部，稱他們為流寇，或更合適。

孔融對糜竺苦笑了一下：「這話怎麼說的，原本救援徐州去的，未發一兵一卒，北海倒成了被圍攻的目標。」糜竺道：「哪有強人所難的道理。既然黃巾賊來攻，解圍北海，乃當務之急。」事不宜遲，孔融急忙派遣太史慈，星夜前往平原縣，向劉備求援。

我們實在不知道孔融與無名小輩劉備有何瓜葛，這倆人，前者四十歲，後者三十二歲，無論年齡還是名分，都相差甚遠。總之，他們要扯上關係了。太史慈到了平原，在劉備面前，盡言孔融受圍之事。還說：「我臨來的時候，孔融大人千叮嚀，萬囑咐，說

務必把你請去，以解燃眉之急。」劉備也好生納悶：「咱個無名小輩，一向不曾與孔大人有往來，他今兒個怎麼求到咱的頭上來了？」實在有些摸不著頭腦，但也不便於問太史慈，只好裝出一副受寵若驚的樣子：「怎麼，孔北海也知道世間有個劉備？」劉備嘴裡的孔融，怎麼改叫孔北海了？須知，這是中國古代官場的一種稱謂方式。張三主政河南，就稱其為張河南；李四主政山東，就稱其為李山東，敬重之意。

在孔融與劉備來說，雖說都在政界混，二者相比，猶如雲泥之別。孔融乃北海最高行政長官，約相當於現在的地級首長或副省級這麼一個職位。劉備呢？一個小小縣令，標準的七品芝麻官。可以說，此時的劉備，乃政界無名小卒，而孔融不僅在政界，就是在民間，也大名鼎鼎。說句俏皮話，孔融那只梨，不僅讓他受益在當時，還讓他受益千年。喏，現在的人，誰不知道孔融讓梨這個典故？

換做劉備，他做平原縣令那會兒，既無佳話軼事，更無政治資本，有的就是一個邊緣化角色。見有當世名流借重自己，那還不趕緊大獻殷勤。劉備遂喚關羽、張飛，點精兵三千，親率部從，往北海郡進發。那黃巾軍殘部，真是不堪一擊，劉備馬到成功，替孔融解圍。這一節，很有些讓人懷疑，那黃巾軍既然如此不堪一擊，還用得著太史慈大老遠跑到平原去搬救兵嗎？與孔融比，劉備的兵馬，根本就不值一提。這或為羅貫中的小說手法，或為毛宗崗的添油加醋，促成劉備的英雄壯舉，使其人前露臉。

不管怎麼說吧，劉備來到北海郡，還沒見面，人家先就把黃巾軍殘部給擊退了。孔融感激之至，親自出城，迎劉備等入城。寒暄敘禮，大設筵宴，不在話下。席間，孔融引糜竺來見劉備，談及張闓殺曹嵩之事，曹操圍攻陶謙之事。那層層複雜的政治關係、人際關係，真個剪不斷，理還亂。劉備知道，孔融這是要他出面，去完成不可能的軍事介入，但他不得不如實相告：「劉備非是推辭，怎奈兵微將寡，不敢輕動。」孔融說：「我與陶謙有一面之舊，如今他被圍，前來求援。我能做的，就是傾其錢糧去救他。至於軍事方面，我遭遇黃巾賊，尚且有勞玄德公前來相助，如何救得了陶謙之圍呢？玄德公乃當世之豪傑，救陶謙如救我，謝謝啦。」

一句「謝謝」，意思是，願意不願意，就這麼定了。這叫一個強人所難。其中還有一句，頗為蹊蹺，即「玄德公」之稱謂。劉備作為一個名不見經不傳的三十歲出頭的小人物，何以配饗一個「公」字？為了捧傻小子上樹，孔融極盡諂媚，一口一個「玄德公」，外加一頂大高帽，稱劉備是什麼「當世豪傑」。為達目的，可謂極言獻盡。

一個名人誇讚另一個普通人為當世豪傑，在座的都聽到了，以後宣揚出去，那劉備便不再是無名之輩了。得到名人的認可，便得到社會的認可；而名人，則首先得到社會的認可，才成其為名人。每一個時期的每一個社會，都有一個名流圈；這個圈並非實體的社會組織或如協會之類，但事實上卻形成一個看不見的圈子，我們權且把這無形的圈子看作有形，並喚作「名人俱樂部」。那麼，此時的劉備，就算正式加入東漢末年的名人俱樂部了。劉備這叫一個受寵若驚，剛剛還推三阻四，說些「兵微將寡」之類的推辭，孔融把「當世豪傑」的大帽子往他頭上一扣，他當即改口，說：「即如此說，劉備當仁不讓。」這便有了牽頭的，孔融則隱居二線，成為馳援陶謙之役的一個配角。

劉備不僅自己起兵反曹操，還去他的朋友公孫瓚那裡，借三五千人馬，一同去救援陶謙。注意這裡，孔融站到陶謙一邊，劉備站到陶謙一邊，公孫瓚也站到陶謙一邊，劉備到公孫瓚處借兵，順便把趙子龍一塊借來，嘿，趙子龍也站到陶謙一邊。瞧瞧中國這個人情社會，八竿子打不著的人，往往因一己私利，便站到一個隊伍裡。試想，沒有陶謙那個弄巧成拙的馬屁，孔融、太史慈、劉備、關羽、張飛、公孫瓚、趙子龍等等，如何走到一起？

話說各路救兵，陸續雲集徐州。青州田楷的救援部隊，亦抵達前線。曹操與陶謙雙方，並未立即展開交戰。畢竟，誰也不敢小覷對方。劉備知道自己幾斤幾兩，更是不敢貿然得罪曹操，他很狡猾，先是叫人給曹操送去一封信，大意是：

> 劉備自關外拜見過你之後，天各一方，未能趨侍效力，深感遺憾。如今，我寫這封信不為別的，就為逆賊張闓弒尊父一事，深深表達我的不安與哀悼之情。據說這事，你還怒於陶謙，並興師問罪，心情可以理解。但陶謙這人，我還是瞭解的，他是個誠實本分的人，本意要交好與你，不料弄巧成拙，釀成大禍。陶謙知道尊父被害後，肝膽皆裂。萬望明公俯察衷情，回百萬之雄兵，掃天下之大患，匡扶帝主，拯救黎民，此乃社稷生靈之大幸也！願明公垂察！（〈呂溫侯濮陽大戰〉）

曹操看了劉備的信，怒火中燒，大罵道：「織席小兒，竟也敢寫信勸我退兵，真乃螳臂當車，不自量力！」遂令護衛，把來使斬了。謀士郭嘉勸諫道：「主公息怒。劉備

遠來救援，先禮後兵，這是說的過去的。主公應好言回復，以使劉備等不疑。一邊穩住陶謙，一邊發起迅雷不及掩耳的攻擊，城可破也。」曹操納言。正商議間，流星馬飛報禍事，這又引出呂布之事。

何以又扯到呂布身上？這就是馬屁之戰的複雜性，同時也是三國時代的複雜性。我們必須有足夠的耐心，才能從三國這巨大的線團中，理清彼此的糾纏與瓜葛。這裡單說呂布的投奔路線圖：投袁術→投袁紹→投張楊→投張邈。

我們記住呂布這最後一投，至為關鍵。呂布性格反復無常，他在前面連殺二主，即丁建陽與董卓。這樣的人，誰見誰怕。即便合作了，也會相互防著。呂布到了張邈這裡，怎麼就把飄忽不定的腳步止住了呢？那是因為有陳宮為張邈做謀士，陳宮建議張邈接納呂布。咱們前面也說過，陳宮去勸曹操，不要攻打陶謙。曹操不納，陳宮便去投奔張邈。陳宮見曹操引兵攻打徐州，便建議張邈乘虛奪取兗州，以圖霸業。這實際是一舉兩得的事，即擴大了自己的地盤，又給陶謙解了圍。張邈採納陳宮意見，起兵攻打兗州。

曹操聽了探馬所報的禍事，驚出一身冷汗。張邈了得，陳宮了得，呂布更了得。曹操是聰明人，知道孰重孰輕，乾脆賣個人情給劉備，決定撤軍回兗州。於是，書信回覆劉備，大意是：

我乃世之名家，父遭荼毒，安得不報？所以起兵，問罪於陶謙。我本想滅其族，以雪殺父之仇。玄德乃帝室之胄，才德兼全，以書信勸慰我，顧全大局，天下為重。想了想，玄德言之有理，是以決定，即日班師回兗州。後會有期。（〈呂溫侯濮陽大戰〉）

我們不得不說，劉備是個有福之人，大名鼎鼎的曹操，竟然買了他一個小小縣令的賬，這叫一個長臉。從此，再無人敢小覷劉備。那陶謙更是高看劉備，無論如何，都要把徐州市長一職，讓給劉備。在慶功宴上，陶謙對劉備說：「老夫年邁，精力衰乏，兩個兒子沒有出息，不堪國家重任。玄德乃帝室之胄，德廣才高，可主政徐州，開闢未來。如此，老夫便可頤養天年。」

劉備知道自己的深淺，無論以他在東漢末年的政治資歷來說，還是以各大軍閥逐

鹿中原的惡劣環境來說，貿然接下徐州行政長官這燙手的山芋，都是找死的行為，遂推辭說：「孔融令我來救援徐州，這層意思，只有一個義字。陶使君突然說要讓我接手徐州，我倒成了衝著這個來的。如此，豈不陷我於不義了嗎？若為我好，收回成命。」糜竺從旁勸道：「當下漢室衰敗，天下大亂，正是英雄建功立業的大好時機。徐州富饒，戶口百萬。無用武之地，英雄也難成，玄德勿要推辭。」陳登亦勸道：「陶使君年邁多病，無法處理繁雜的公務，還請玄德君勿辭為幸。」

劉備態度堅決：「此事決不敢當。袁術有四世三公的大背景，又近在壽春，何不讓他來接管徐州？」陳登連連搖頭，說：「袁術那人，驕奢淫糜，讓他單純的做個公子哥可以，讓他治理一方土地，那是萬萬不行的。他是為官一任，禍害一方。這徐州長官，非玄德君莫屬。你不要小看徐州，這裡將兵十萬馬千匹，上可匡君濟民，下可轄地守境。玄德君再勿推辭，否則，就是有意給陶使君下不來台了。」孔融亦力勸劉備，接管徐州，劉備堅執不肯。

陶謙心裡明白，自從曹操的父親被殺後，他的政治生涯也就到頭了。他不坐在官位上，曹操並不會時時想起他來，也不會沒完沒了的政治追殺。他坐在那把行政長官的椅子上，無異於提醒曹操，還有一個釘子沒有拔掉。這對陶謙來說，何其危險。急流勇退，正當其時。而能接手又利於他退休生活的，就只有劉備。陶謙苦苦哀求，無濟於事；糜竺、陳登、孔融等極力相勸，亦無濟於事。陶謙一把抱住劉備，涕淚交流：「君若舍我而去，我死不瞑目也！」

劉備的兩個結義兄弟，一直從旁冷觀這場政治遊戲，都同意的事，就是劉備口緊，關羽、張飛那叫一個氣。關羽想：「婆婆媽媽，哪像個男人！」張飛想：「有官不做，傻瓜一個！」實在忍無可忍，關羽開口說話：「既然陶使君相讓，兄權且接管了徐州吧。」張飛急道：「咱又不是奪權，強要他的州郡，他家自願的，有什麼義不義的。」說著，便把他那隻似乎永遠也洗不乾淨的夯手，伸到陶謙面前：「陶使君且將你的官印拿來，我代收了，不由我哥哥不肯。」

劉備豈肯錯過這場仁義大戲，他怒髮衝冠：「你等陷我於不義，我死給你們看！」言訖，掣劍就要自刎。那趙雲一把攔住：「玄德君使不得，如此一來，豈不成了大傢伙齊心害你。你抹脖子一走人，倒害得大家成了不義之人。」劉備知道戲演過頭，就坡下驢，趕緊收手：「我豈能反陷眾人於不義。」

陶謙道：「實在不行，恩公可屈居小沛。」劉備本想就此接下徐州，豈料陶謙突然改口，一竿子把他撂到小沛，已無迴旋餘地，只得說：「蒙陶使君深切關愛，我劉備誠惶誠恐，暫且受之。」張飛把眼珠子一瞪，拉著劉備至屋外，小聲道：「看哥哥鬧的，到嘴的肥肉，就這樣讓你給鬧沒了。小沛那地方，養得住人？」劉備嚴厲地訓斥道：「再胡說八道，小心割了你的舌頭！」劉備返回屋內，眾皆附和，說不要再節外生枝。最終，劉備接納第二方案，自棄平原縣令，去徐州轄下的小沛，做那裡的執政官。

一個馬屁引發的戰爭，至此畫上句號。而這場可笑的馬屁之戰，曹操成為最大的受害者，劉備則成為最大的受益者。曹操做夢也不會想到，他的父親及家小，竟是這麼個淒慘的歸宿；劉備做夢也不會想到，他美好的前程竟在無意之間，建立在曹操家人的性命之上。

愚蠢之戰

如果說三國時期，最不可思議的戰役是馬屁之戰，那麼，諸葛孔明主導的兩大戰役七擒孟獲與六出祁山，就是愚蠢之戰。下面，我們先來說說他的傑作七擒孟獲。

七擒孟獲

二二五年的成都，一派盛世祥和景象。羅貫中寫道：

兩川之民，快樂太平，夜不閉戶，路不拾遺。幸是連年大熟，老幼皆鼓腹謳歌，凡遇差徭門戶工役，爭先願行早辦，因此軍需馬匹，器械衣甲應用之物，無不完

備；米滿倉廒，財盈府庫。（〈孔明興兵征孟獲〉）

是年春，孔明接到一份情報，說「蠻王孟獲，大起蠻兵十萬，犯境侵掠」。我們說，這個情報本身就有問題，「犯境侵掠」就是小打小鬧，搶點吃的喝的，就走人。漢朝四百年的歷史，塞北的蠻族，從沒間斷過對中原的犯境侵掠；宋朝更是如此（趙恒時代，四川夷人常常犯邊寇掠，帝國以大米券安撫夷人酋長，以期阻止其惡行），清朝也好不到哪裡去。說得極端一點，北方蠻族對中原的犯境侵掠，幾乎貫穿整個中華帝制時代。這都是「馬後桃花馬前雪」的對比效果給鬧的，北方蠻族對桃花世界的中原，那就是一個羨慕、嫉妒、恨。這心態之下，蠻族犯境侵掠，偷雞摸狗，本屬常事。北蠻如此，南蠻亦然。對付蠻族窮寇，常規防禦即可，然那孔明，發十萬大軍到雲南，予以圍剿，可謂小題大做。

在蜀帝國中央辦公會上，孔明直面皇帝劉禪，陳述自己南征的見解：「以臣之觀察，南蠻各部落，野蠻生長，無拘無束，無法無天，實乃國之心腹大患。如今，雍闓等結連孟獲，挑釁帝國權威，必欲平叛，方圖長遠發展。情勢危機，臣當自領大軍，前去征討，特奏陛下知道。」這話就是欺主，孔明決定了的事，到辦公會上，無非走個過場，給當今聖上知道一下，僅此而已。

歷史上，一味說劉禪是扶不起的阿斗，但當他聽完孔明的彙報後，還是很有主見地發表了自己的看法。他說：「相父所言，並無差池。只是當下南征，恐有失計較。以本朝論，東有孫權，北有曹丕，這都是不好惹的主兒。如今相父棄朕而去南征，倘若魏吳聯手，趁機興兵，成都豈不危在旦夕了嗎？」

劉禪這番話，雖不能說是什麼高瞻遠矚，但起碼他作為皇帝，不乏政治視野。僅憑這一點，也不能說他徹底扶不起。不僅如此，當孔明、姜維這些掌握蜀國實際權力的好戰分子去玩火時，劉禪表現出顧全大局的那一面，而不是組織自己的班底，趁兩位強人遠征之際，發動政變、清除異己。正是有了劉禪的顧全大局，蜀國才得以立國四十二年。倘若蜀國內訌，孔明、姜維再能幹，也早被強大的魏國趁火打劫給滅了。

具體到南征這件事，在四十四歲的智者孔明面前，十八歲的劉禪，顯然還被當做孩子來看。扶不起的阿斗，大約由此而來。孩子哪有扶得起來的？清史一向標榜少年康熙了得，說他扳倒輔政大臣鼇拜（清帝國的實際執政者）云云。再厲害，他康熙那會兒也

是個孩子，沒有他的奶奶孝莊幕後主謀，他什麼都不是。政治上，閱歷（年齡的大小）至為關鍵。孔明拿準這一點，十八歲的劉禪再有主見，也只能任其擺佈。所以，孔明決定的事，皇帝也不能奪其志。

事實上，孔明的目標，絕不止於雲南。他進一步向年輕的皇帝解釋自己的戰略意圖：「陛下勿憂，臣已有良策。如今東吳和會已定，但有異心，有李嚴在白帝城，此人可擋陸遜。大魏曹丕新敗，銳氣已喪，必不敢遠圖；但有異心，有馬超把守漢中各處隘口。同時，臣又留關興、張苞等，分兩軍作為後援部隊，可保陛下萬無一失。待臣蕩平南蠻，絕其後患，再北伐中原，以報先帝三顧之恩，托孤之重任。」

僅就孔明這番陳述，便可見他是多麼的缺乏戰略眼光。去征討孟獲之前，他拒敵千里之外的那些安排，並無不當之處，甚至是周祥備至。問題出在他最後那一句，說「待臣蕩平南蠻，絕其後患，再北伐中原，以報先帝三顧之恩，托孤之重任」。這是一個長期而遠大、空洞而乏味、虛無且縹緲的戰略方案。東漢末年分三國，魏、吳、蜀。無論國勢，無論戰略位置，毫無疑問，蜀國都是最弱的那一個。歷史上所有以少勝多、以弱勝強的戰例，僅為個例。引個例而謀全域，這不是軍事家，而是蠢事家。

劉禪明知孔明好高騖遠，可誰讓他是相父來著，誰讓朝中上下都是孔明的勢力來著。劉禪心想：「蜀國能偏寓西南一側，不被攻擊，就已經是老天爺開恩了。這樣的小國，怎能觸碰魏國那樣的龐然大物去呢？咱安享蜀國，承平一方，有什麼不好呢？既然你好戰，你又是相父，隨你折騰好了。你是蜀國的真正主宰，你說一不二，闖下什麼禍端來，你頂著。」想到這，劉禪遂帶著情緒說：「朕年幼無才，缺乏領導力，帝國大事，請相父自斟自酌好了。」

劉禪話音剛落，大臣王連出班勸諫：「不可！萬萬不可！」孔明就惱這個，心想：「連皇帝都讓我三分，你個大臣，多什麼嘴呀。」遂不耐煩地問道：「怎麼個萬萬不可呀？」王連道：「雲南乃不毛之地，瘴疫之鄉，一國的丞相，怎麼可以親征這種地方呢？派個將軍去足矣。」

雲南是這樣的嗎？王連一句「雲南乃瘴疫之鄉」，並不能使今天的人看到問題的實質。一九八〇年，我由內地至雲南思茅服役，知道思茅這個地方，乃瘴疫之鄉的中心。及至二十世紀初，思茅依舊瘴疫肆虐，全城十室九空。寨子裡的農民更是死無可死，以致田中的稻穀成熟了而無人收割。怎麼辦呢？也不能眼看著成熟的糧食爛在地裡，國軍

下地代勞。國軍亦多染病，死傷無數。二十世紀的瘴疫之鄉尚且如此，推想醫療技術更加落後的三世紀的雲南，又不知該悲慘到何等地步。簡直無法想像！但這並不是孔明要考慮的，他勢必要在後劉備時代，開創孔明紀元。而雲南戰役，正是他的磨刀石。把刀磨快，揮向中原。

孔明主意已定，他對王連說：「南蠻之地的人，多不習王化，收伏甚難，輕易託付將軍，必不能達成此戰的目標。所以，我當親征才行。」這無疑告訴世人，馴化南蠻的事，頭腦簡單、四肢發達的將軍幹不了，只有他孔明才是王化的師爺。王連聽出這層意思，便不再破費口舌，隨他去吧。

孔明固執己見，可見並非真正的智者，他喜歡按照自己的玩法，去支配一切，而非按照政治家的謀略、軍事家的戰法去支配一切。他到了雲南，竟然七擒孟獲，浪費了太多的軍事資源與經濟資源，還死了太多的蜀國將士。這一切，無不是他大玩以德服人的結果。其所謂「攻心為上，攻城為下；心戰為上，兵戰為下」的用兵之道，真是愚蠢之極。

孔明在雲南，完成他所謂的「王化」普及，準備班師回朝。時值九月，蜀軍至瀘水時，特撰悼文，祭奠曾戰死於此地的蜀國官兵。其文大意如下：

> 大漢建興三年秋九月，丞相孔明，謹陳祭儀，享於蜀中將校及蠻夷亡者陰魂。
>
> 因南蠻犯境，吾奏請君王，出三軍問罪。我大蜀皇帝，威勝五霸，明繼三皇，定乾坤於戰場之中，立社稷於干戈之內，是有今日之戰果。
>
> 士卒兒郎，盡是九州豪傑；將校官僚，皆為四海英雄：習武從戎，投明事主，莫不同伸三令，共展七擒；齊堅奉國之誠，並是忠君之志。何期汝等偶失兵機，緣落奸計：或流矢所中，魄掩泉台；或槍劍所傷，魂歸長夜。志堅忠孝，命終於刀斧之前；正直奉公，骸棄於塵埃之內。
>
> 今則凱歌欲還，汝等英靈尚在，所禱必聞：隨我旌旗，逐我部曲，同回上國，各認本家，受骨肉之蒸嘗，領妻子之祭祀；莫作他鄉之鬼，徒為異國之魂；當念親姻泣哭於朝昏，子女嚎啕於旦暮。
>
> 吾奏皇帝，使汝等各家盡沾恩露，年年請給衣糧，月月不絕俸祿，用茲酬

答，以慰汝心。父子傳孫，名題蜀史。今則聊表丹誠，陳其祭祀，各領酒食，共用一餐，依此靈旛，隨我歸國！嗚呼，哀哉！伏惟尚饗。（〈孔明秋夜祭瀘水〉）

注意孔明的祭文，開篇即陷邏輯泥潭，如言「大漢建興三年」，實不知從何說起。五年前，也就是二二〇年，漢朝已亡，何來大漢？世間既無大漢，又何來大漢年號之建興？可是，後面我們發現，孔明在祭文裡又言「我大蜀皇帝」云云。這到底是大漢呢，還是大蜀呢？他自己都亂不清了。可見，孔明是一個政治邏輯混亂的人。「我大蜀皇帝，威勝五霸，明繼三皇」一句，已經不是混亂的問題，直接就是胡扯了。劉禪的威武，豈能勝過春秋五霸？又豈能與天皇、地皇、人皇齊名？

讀到「汝等英靈，隨我旌旗，同回上國，受骨肉之蒸嘗，領妻子之祭祀……」，倒為之一振，感歎好一篇煽情的文字，好一篇令人心碎的祭文。心碎之餘，難道不該追問是誰種下的這惡果嗎？倘非孔明大玩七擒孟獲的戰爭遊戲，蜀國的將士，何以拋屍他鄉？

歷時七個月的七擒孟獲戰役結束（戰區涵蓋今之昭通、楚雄、大理、昆明、曲靖、保山等地），孔明引大軍而回成都，劉禪皇帝起鑾駕，出廓三十里，親自迎接凱旋的大軍。探馬告知，丞相快到了，劉禪趕緊下輦，立於道傍，事相如父。孔明遠遠見了，慌忙下車，近前行君臣之禮。孔明伏道奏道：「臣未能速平南蠻，令主懷憂，臣之罪也。」劉禪扶起孔明，並車而回，大設太平筵會，重賞三軍。

劉禪與孔明路邊見面，彼此的言行，就這麼個禮數而已，不代表他們各自的真心。不然說些什麼呢？君臣見面，孔明上來就說：「陛下，你看我給你帶什麼回來了？」然後奏個樂，咚咚鏘。再然後，亮出一車一車的雲南土特產，諸如象牙、孔雀，以及緬甸玉（史載孔明曾到過內比都）之類，應有盡有。這像什麼

洗馬河遺址

話？就是帶了這些東西回成都，也不能記入正史。畢竟，這些東西都跟腐敗有關。所以，所謂正史給我們看到的，都是些冠冕堂皇的東西，真的誰會給你看。

如今，孔明平定雲南過去一千七百多年了，他留下的東西，依舊那麼令人著迷、那麼正面。我的寓所附近有條河（僅保留著雲南省圖書館院內一段），據信當年孔明在此洗過馬，因此稱作洗馬河（多年前，河邊還矗立著一塊「洗馬河遺址」的巨石，如今已不見蹤影）。至於「七擒孟獲」，竟然也被土著當做他們驕傲的資本，鐫刻在涯壁上（如圖），肆無忌憚的渲染他們祖先的恥辱。[②]是啊，畢竟是偉大的孔明，七擒七縱他們的祖先，這叫一個長臉！

七擒孟獲大型壁畫圖

六出祁山

七擒孟獲後的第二年，即二二六年夏，魏帝國皇帝曹丕死了，孔明得到情報，以為北伐的時機成熟，遂把這一重大議題，拋向中央辦公會。劉禪金口未開，參謀馬謖搶先插話：「丞相平息雲南，不過一年時間。無論是將士還是戰馬，尚在休整之中。如今又要提出北伐，軍疲馬敝的，如何遠征？」

孔明容不得反對聲，駁斥道：「軍隊元氣，也是靠鼓舞出來的。如今的時機是千載難逢，等我軍準備就緒，恐怕魏國的防禦也準備好了。此時正是他國政權交替之際，我軍出其不意，攻其不備，可大獲全勝。」馬謖知道孔明決定的事，不可逆轉，於是退而求其次，獻上一計，說：「如必北伐，如此這般，方可取勝。」

孔明遂用馬謖之計，離間魏國新皇帝曹叡與大臣司馬懿。曹叡中招，削去司馬懿兵權。孔明的北伐行動，由此展開。二二七年初，在中央政府的早會上，孔明出班，呈了一道〈出師表〉。這篇文字，載入歷屆的學生課本，人皆熟知，這裡就不說了。

但說皇帝劉禪，他接過〈出師表〉，緊鎖眉頭，心想：「又是北伐，不是把這攤子事放下了嗎？如何舊事重提？好好過日子，安享和平，安享幸福，有什麼不好？幹嘛總是打打殺殺！」想到這裡，面色上就不大好看。儘管如此，劉禪依舊好言相勸：「相父遠征雲南，征塵尚未盡褪，又要遠征中原，這怎麼吃得消？再說，蜀國並無現實的威脅，又何必自取其禍呢？」

劉禪的話，可謂中肯至極。是呀，偏寓西南一角的小小帝國，舉國力平雲南，這才眼前的事。這時，國力、軍事，以及人的精氣神等等，一切盡在修復之中，豈可拖著疲憊的身軀，又要出征？此乃常識，人皆知曉。孔明如何不知？他是這麼解釋給劉禪聽的，說：「臣受先帝托孤之重，朝夕不敢懈怠。如今，平息南蠻回國已數年，軍人歇過來了，戰馬也精神起來了，武器也補充好了，糧草也備齊了。魏國那邊，最令人忌憚的一員大將司馬懿，也被他們的皇帝解職了。當下北伐，可謂天時地利人和。不就此討逆，恢復中原，更待何時？」

劉禪無言，拿眼去瞟幾位大臣，意思讓他們出班勸諫。劉禪有位近臣，跟他的想法最為一致，此人就是譙周，他是《三國志》作者陳壽的老師。這譙周，從孔明時代到姜維時代，一向反對北伐。孔明北伐的時候，他極力反對過，無果。到了姜維北伐的時候，他不僅在辦公會上口頭反對，且撰寫〈仇國論〉，力陳北伐之失。這是哪年的事呀？已是二五七年。所寫內容，仍不過「百姓凋瘁，國力虛耗」之類。然而，蜀國皇帝的胳膊，最終扭不過臣子的大腿，孔明六次北伐、姜維九次北伐，皆以失敗而告終。

回頭，我們繼續說孔明的第一次北伐。劉禪知道，他這位相父是意志堅定的蠢者，也只能由著他去玩國了。這如同一九五一年的朝鮮戰爭，林彪、彭德懷等一致反對中國軍事干預，惟有毛澤東一人堅持出兵朝鮮。反對者的意見，也都是劉禪以及譙周等大臣勸孔明般的意見，中國剛剛從戰爭的泥潭中走出來，不宜再陷入另一場無謂的戰爭。毛澤東的個人意志，決定了一個國家戰車的方向，結果，那場戰爭沒有改變朝鮮的任何現狀，倒是把幾十萬中國子弟兵的性命，丟在了朝鮮那塊至今荒涼的土地上，這當然包括毛澤東自己的兒子毛岸英。如果猜度為毛岸英鍍金而悍然入朝作戰，不免有些武斷。可我們又有什麼理由不相信毛澤東不這麼做呢？朝鮮的金氏王朝搞獨裁專制，不是已經第三代了嗎？這惡果難道不是毛澤東種下的嗎？

扯遠了，咱們還是言歸正傳吧。孔明出師，劉禪及百官，送至北門十里外。孔明率

大軍，望漢中迤邐進發。魏蜀交戰，魏軍連連失敗，曹睿皇帝重新起用司馬懿，遂大敗蜀軍。魏國丟失的土地，被一一收復。這只是一個籠統的介紹，下面我們就一個對陣細節，展開敘述。

二二七年冬，孔明在戰場上小試牛刀，奪取魏國多處城池，一時威名遠揚，軍心大振，是以乘勝進兵祁山。魏國皇帝曹叡第一時間得到戰情報告，說蜀軍已至渭水之西。曹叡連忙部署，以拒蜀兵。司徒王朗、大都督曹真、副都督郭淮，迅速組成作戰團隊，趕往前線，與孔明對陣。

兩軍陣前，孔明乘一輛四輪小車，正目視敵陣。王朗縱馬而出，先把話說：「輪椅上的那位先生，可是諸葛孔明？」孔明未答，而是點了點頭。王朗繼續說：「我乃大魏司徒王朗，今有幾句話，跟明公說。」王朗不再直呼大名，而是尊稱孔明為明公，就像人們尊稱曹操的那樣。孔明聽了，很是順耳，遂於車上拱手，王朗則在馬上欠身答禮。王朗說：「久聞明公之大名，今幸得一會。我聽人說，明公能掐會算，這說明你是既知天命，也識時務。這麼一個聰明的人，何故興無名之師，來雞蛋碰石頭呢？」孔明道：「我奉詔討賊，怎麼能說出師無名呢？逆賊自比石頭，又怎麼被我蜀軍的雞蛋碰碎一地呢？」

孔明說奉詔行事，還不如說是奉自己的意志行事。當大臣的功高震主，他可以假借天子之名，為所欲為；當元首的鐵腕治國，他也可以假借人民的名義，為所欲為。強權人物為什麼不直截了當去做事呢？這是政治上的小算計，功成，被假借者隱沒；事敗，被假借者替罪。這專制社會的小把戲，是個強權人物都會玩。

孔明刻薄，王朗也當仁不讓，兩軍陣前，還未開戰，先就打起嘴仗。這在三國時代，幾成慣例。王朗道：

天數有變，神器更易，而歸於有德之人，此定然之理也。曩自桓、靈以來，天下爭橫，人人稱霸。黃巾縱橫於巨鹿，張邈問罪於陳留，袁術僭號於壽春，袁紹稱王於鄴土；劉表佔據荊州，呂布虎吞天下：盜賊蜂起，奸雄鷹揚，社稷有壘卵之危，生靈有倒懸之急。我太祖武皇帝掃清六合，席捲八荒；萬里傾心，四方仰德。非權勢而取之，實乃天命之所歸也。世祖文帝，神文聖武，以膺大統，應天合人，法堯禪舜，而處中國以臨萬邦，豈非天心人意乎？今公蘊大才，抱大器，

自欲比於管、樂，何不仿伊尹、周公，故強欲逆天理、背人情而行事耶？豈不聞古人云：「順天者昌，逆天者亡。」今我大魏帶甲百萬，良將三千。量腐草之螢光，怎及天心之皓月？公可倒戈卸甲，以禮來降，不失封侯之位。則國安民樂，豈不美哉！（〈孔明祁山破曹真〉）

陣前的蜀兵聞言，歎之不已，皆以為有理。但見孔明坐在輪椅上大笑道：「我以你這漢朝大老元臣，必有高論，豈料竟出此言！我也有話要說，你等都給我聽好了！」孔明站起，略捋了捋寬大的袖子，說道：

昔日桓、靈微弱，漢統陵替，國亂歲凶，四方擾攘。段珪才斬於平津，董卓又生於朝野；天方剿戮，四寇又興，遷劫漢帝於閭閻之間，殘暴生民於溝壑之內。因廟堂之上，朽木為官；殿陛之間，禽獸食祿！狼心狗幸之輩，滾滾當道；奴顏婢膝之徒，紛紛秉政！以致社稷丘墟，生靈塗炭。吾素知汝所行，世居東海之濱，初舉孝廉入仕，理合匡君輔國，安漢興劉，何期反助逆賊，同情篡位！罪惡深重，天地不容！傾國之人，欲食其肉！今日幸吾尚在，乃天意不絕炎漢也！吾奉詔討賊，仗義興師。汝既為諂諛之臣，只可潛身縮首，苟圖衣食，安敢在於軍伍之前，妄稱天數耶？皓首匹夫！蒼髯老賊！當咫尺歸於九泉之下，有何面目而見二十四帝乎？老賊速退！可教反臣與吾決勝負！（〈孔明祁山破曹真〉）

我寫歷史，不愛引用文言文，尤不喜大篇幅的文言文之引用。這裡破例，原文引用王朗與孔明的陣前對話，意在告訴讀者，我不會以自己的好惡，來斷章取義。還有一層意思就是，把二者的原話拿來，可加以對比，由此得出貴賤，得出高低，得出優劣。

王朗與孔明的對話，字數相差無幾。王朗的話裡，幾無重話，更無髒話。倘若雞蛋裡面挑骨頭，王朗把蜀軍比作「腐草」，當算不敬之詞。孔明就不同了，他的話裡，通篇充滿攻擊性語言，且髒話連篇。諸如「傾國之人，欲食其肉」；諸如你「只可潛身縮首」，罵王朗為王八；諸如「皓首匹夫，蒼髯老賊」；諸如你「當咫尺歸於九泉之下」，意思你現在就去死吧。孔明的行狀，直如潑婦罵街。

出戰所遇，非錚錚鐵骨的軍人，而是潑皮無賴，王朗哪受得了這個，聽罷，大叫

一聲，氣死於馬下。羅貫中為孔明的下作伎倆，交口稱讚，他借用所謂「後人有詩讚孔明」，寫道：

兵馬出西秦，
雄才敵萬人。
輕搖三寸舌，
罵死老賊臣。

這詩無論誰寫，無疑都是下作之作；無論誰為孔明之舉點讚，也無疑都是下作之作。孔明撒潑一等一，軍事謀略猶如雞。結果我們都看到了，孔明的臭嘴，終未打過司馬懿的冷兵器，他搶走的土地，被司馬懿一一收復。

中國人大有一種「三寸不爛之舌」的崇拜情節，如崇尚孔明的舌戰群儒、罵死人，如崇尚領導人機智答外國記者等等。有記者問周恩來：「西方人走路挺著胸，為什麼中國人走路駝著背？」周恩來說：「因為我們社會主義走的是上坡路，所以要彎著腰走。

你們走的是資本主義的下坡路，所以昂首挺胸走。」這哪是什麼機智？是什麼，相信讀者已有答案，無需我在此饒舌。

＊＊＊

剩下的筆墨，我們來說說孔明的最後一次北伐，即第六次出師祁山。此時，僅距五出祁山三年。羅貫中寫道：「不覺三年，吳、魏並無侵犯。」毛澤東有言，人不犯我，我不犯人。這話在孔明那裡行不通，魏不犯蜀，但蜀卻一定要犯魏。由此可見，那孔明是百分之百的好戰分子。二三七年早春二月的一天，孔明在中央辦公會上，呈上一份工作簡報，內容大致如下：

臣今存恤軍士，已經三年。糧草豐足，軍器完備，人馬強壯，可以伐魏，以報先帝知遇之恩。今番若不掃清奸黨，恢復中原，誓不見陛下也！（〈木門道駑射張郃〉）

劉禪道：「當下已成三足鼎立之勢，魏、吳兩國不曾入侵我蜀國，各相安無事，不是挺好的嗎？相父為什麼不珍惜這來之不易的和平呢？」

劉禪此言，可謂指責甚甚。是啊，維持現狀，對於弱小的蜀國來說，難道不是最好的選擇嗎？強大的魏帝國不來打你蜀帝國，已經是燒高香了，何須撩撥虎鬚去呢？但孔明似乎並不這麼單純，其恢復中原的計畫，被他強調為劉備的未盡遺願。其實，這何嘗不是孔明個人的政治野心呢？他並不安心做小小蜀國的丞相，他的目標是做統一中國的超級丞相。與私自利，人性使然，本無可指責，但作為帝國大政的掌理者，卻絕不能出於一己之利而制定大政方針，那樣小則誤國，大則亡國。

孔明的南征北伐，前後耗去十年時間。而我們今天談及文革，則用「十年浩劫」來形容。那麼，我們今天論及孔明南征北伐的那十年，又何嘗不可以形容為三國時代的「十年浩劫」呢？假設那十年，蜀帝國韜光養晦，一心一意謀發展，而不是選擇與強國對立，說不定又是另一種歷史格局。孔明擅長農業經濟，平時還喜歡搞點小發明什麼的。而他最大的短處，則是軍事謀略。他如果能夠揚長避短，蜀國經濟強大了，又何愁防禦問題？然而，他一意孤行，選擇了一條不歸路，那就是鐵定心的跟強國較勁。

讀三國這段歷史，很容易使我們聯想到現在的中國。二〇一六年五月，美國國防部長卡特（Ashton Carter)在一周之內，兩次就南海問題，發表強硬講話。卡特公開批評中國在南海「採取前所未有的擴張主義行動」，破壞美國辛苦建立並堅守的國際體系與準則，稱這樣的政策恐使中國在南海構築「一座自我孤立的長城」。在其刺激性言論帶動下，美國輿論日益相信，華盛頓要在南海與北京動真格的。這片中國家門口的海域，被描述成全球最燙的地緣政治熱點。

回顧一下不難發現，二〇一四年之前，中美關係並沒有出現對抗局面，南海更沒有成為中美博弈的焦點。為什麼短短的兩年時間，中美之間就劍拔弩張起來呢？仔細琢磨一下二〇一四年吧，這年三月，正是俄羅斯吞併克里米亞的時間，中國是極少數贊成俄羅斯侵略行徑的國家。普京公開表示，感謝中國支持俄羅斯在克里米亞的行動。中國不僅是地緣大國，還是聯合國「五常」之一。這樣一個具有領導地位的角色，竟冒天下之大不韙，公然支持同是「五常」之一的俄羅斯吞併他國領土。顯然，這惹怒了世界領袖美國。

其實，事情到這裡，中國激進的對外政策不再向左，估計也就沒中國什麼事了，

畢竟俄羅斯吞併克里米亞的問題、IS的問題、歐洲難民潮問題等等，這些都是最最棘手的，需要美國與他的歐洲夥伴，合力去解決。這其中包括以美國為首的西方，全面制裁俄羅斯。國際上被孤立，經濟上頻臨崩潰，令俄羅斯壓力山大。這時的中國，聰明的做法是，不要介入西方與俄羅斯的對抗，而是用心民生。這十分必要，因為中國的經濟，正處於乏力階段，外企紛紛牽出，實業紛紛倒閉，股市暴跌，人民幣貶值。這窘況下，容不得中國分心，與國際社會密切合作，提振經濟，是當務之急。然而，中國在自己最困難的情況下，選擇了擁抱流氓成性的普京政權。西方制裁俄羅斯的同時，北約亦在歐洲東部，全線壓制俄羅斯，令俄疲於奔命。這時，中國再次站到俄羅斯一邊，並以俄羅斯的側翼，在南海方向與美國死磕。

中國施以援手，令俄羅斯的壓力多大程度上得到緩解，我們無法準確獲知，因為我們不是俄羅斯當局，但中國的一隻胳膊在南海方向被美國及其盟友死死拖住，那是不爭的事實。而日本作為美日聯盟的東海主力，則在東海方向死死拖住中國的另一隻胳膊。二〇一六年七月八日，美韓兩國共同聲明，他們確定在韓國部署薩德（THADD）反導防禦系統。這比南海問題不知嚴重多少倍，中國又不得不伸出一隻腿，去應付這一嚴重威脅。面對如此複雜的國際局勢，即便是一九五〇代年的朝鮮戰爭，中國也從未如此被動。嘚，中國還剩一隻腿！怎麼，要玩金雞獨立嗎？我們悲觀地發現，這隻獨腳金雞全國上下，彌漫著一股濃濃的軍國主義情緒，尤其那些愚蠢透頂的所謂軍事專家、國際問題專家，在央視等各大媒體，把中國的軍事力量吹到天上去，為西方及中國周邊國家的「中國威脅論」，添加注腳。

前蘇聯就是在與整個西方世界尤其是美國的對抗中，被拖垮而解體的；有跡象表明，愚蠢的普京正在重蹈前蘇聯的覆轍。在俄羅斯與西方的對抗中，中國本來是一個灑脫的旁觀者，說不準還能漁翁得利。然而卻莫名其妙的跑到俄羅斯一邊，俄羅斯已在對抗的漩渦，中國施以援手，救俄不成，反被帶入漩渦。二〇一六年十一月八日誕生的美國新一任總統Trump及其鷹派內閣，尚未開府執政，便向北京全面發難。什麼川普與蔡英文通話，什麼美國一旦與中國開戰將奉陪到底，什麼不必堅持一個中國原則，什麼對中國進口商品徵收百分之四十五的高關稅等等，全是外交上的重磅炸彈。無論從國際政治上，還是從地緣政治上，俄羅斯對於中國都是一個雞肋，尤其經濟方面，毫無補益。二〇一六年十二月十八日，即將卸任的Obama總統在年終記者招待會上說，俄羅斯「是

一個較小的國家、較弱的構架。除了石油、天然氣和武器，他們的經濟產不出其他任何別人願意購買的東西。他們沒有創新」。我想，這話再正確不過了。這背景之下，中國陪著俄羅斯一同跳火坑，堪稱孔明式的愚蠢之舉。

劉禪是皇帝不假，但他並非帝國的主宰。孔明雖作為丞相，但他才是蜀帝國的真正當家人。這個時候，我們發現，帝制是多麼的需要英明的領導人呀。民主共和制，或君主立憲制，一個領導人愚蠢，但並非他一人說了算，所以還可補救；而帝制或專制，是一個人說了算，領導人一個人愚蠢，就代表全國人民愚蠢；領導人自己跳火坑，就代表全國人民跳火坑。孔明就是這麼一個蠢人，他要帶領一國的人民，去跳火坑，去挑戰當時的霸主魏帝國，他對劉禪說：「咱們的軍隊已休整幾年了。這期間，我做夢都想北伐，統一中國。這是先帝的中國夢，臣必竭盡全力，去實現這個政治目標。」

孔明的戰車，所向披靡，它首先從劉禪皇帝的小幸福觀上碾過去，接著從譙周等大臣的勸諫書上碾過去，最後由成都的街道上，地動山搖轟轟烈烈碾過去，直至北伐前線。結果呢？孔明這一去，再未能活著回到成都。所謂鞠躬盡瘁，死而後已，變成鞠躬盡蠢，死而後已。

最後一滴血

後孔明時代的蜀國，尤其即將走到歷史盡頭的蜀國，劉禪終於不再為政治強人所左右，他終於可以過一把一言九鼎之癮，他鄭重決定：投降。這也許就是劉禪在位四十二年惟一由自己所做的重大政治決定。

當劉禪與大臣譙周共議投降事宜時，劉禪的第五個兒子北地王劉諶突然從屏風後竄出，嚇人一跳。劉禪痛斥道：「何以作亂，背後竊聽國家機密！」劉諶並不敢叱責他的父皇，而是怒目譙周，厲聲罵道：「貪生怕死的腐儒，豈可妄議大事！自古哪有投降的天子？此賊竟敢鼓動聖上投降，當斬！」譙周亦無所懼，直視劉諶，意思是，你懂什麼。劉禪怒道：「住口！這裡沒有你說話的地方。」劉諶不甘，請求道：「父皇，大敵當前，兒臣請纓，為國一戰！」

劉禪拍案而起：「你仗著血氣之勇去抵抗，難道要讓成都血流成河嗎？不要再說了，朕意已決，獻城為上。」劉諶解釋道：「先帝健在的時候，譙周不曾干預政事。如

今大敵當前，他竟然跳出來擾亂軍心，說什麼惟有投降，方可救一城百姓。說這般苟且偷生的話，就該千刀萬剮！兒臣料想成都尚有數萬兵力可以抗敵，更何況，姜維全師守在劍閣，若知魏兵來犯，必然策應相救。那時，內外夾擊，可大獲全勝。我軍如此優勢，豈可聽信腐儒之言，輕廢先帝創立的基業？」

劉禪叱之道：「世間的事，都如你想的那麼簡單，還用得著謀士幹什麼？下去吧，休再亂言國事。」劉諶撲通跪倒，連叩響頭，涕淚交加：「求求父皇，允許兒臣背城一戰！」劉禪不聽，令近臣將其拖走。劉諶一步一回頭，跳著腳地大哭道：「我爺爺千辛萬苦，創立這蜀國基業，今一旦棄之，我寧死不屈！」劉諶的哀泣聲，漸行漸遠。劉禪遂令譙周作降書，遣私署侍中張紹、駙馬都尉鄧良，一同帶著玉璽，至雒城（今四川省廣漢市境內）請降。

坐鎮雒城的魏國大將鄧艾，見張紹、鄧良等來降，大喜。張紹等拜伏於階下，呈上降書及玉璽。降書大意是說：「杯勺之水，終歸江湖；燕雀之徒，必棲梁棟。而蜀國融歸大魏，乃天命也，不由人不從。蜀國上下，期盼融入魏國大家庭。我們都準備好了：帥棄戈，士卸甲；就連央行裡的錢，國庫裡的糧食，都一無所毀，全都打整得妥妥當當的，就等著你們來接收了。」

鄧艾回信，令張紹等帶回成都，以安人心。鄧艾書信，亦首提宿命。意思是：「眼下這個局面，都是老天安排的，誰也沒辦法的事。即已如此，那就順天應命。相信我們，不致慢待降臣。」

劉禪吃了定心丸，遂緊鑼密鼓，安排投降日程：遣太僕蔣顯齎敕，令姜維早降；遣尚書郎李虎，送文簿與鄧艾（除戶籍資料外，糧四十餘萬斤，金銀兩千斤，錦綺彩絹各二十萬匹）。公文交接完畢，擇十二月初一日，君臣出降。

劉諶知道這個消息，已是十一月的最後一天，他無力回天，怒而回到自己的寢宮。崔夫人見丈夫帶劍而回，殺氣騰騰，驚問：「大王臉色異常，這是怎麼了？」劉諶道：「魏兵將至，父皇已把投降的事，安排妥帖，定於明天，君臣出降。如此辱沒先人，我已沒臉活著。」

崔夫人道：「但有骨氣之人，皆難苟活。」劉諶道：「我必先走一步於地下，去面見我的爺爺，劉諶誓死不屈膝於他人！」崔夫人讚道：「夫君賢哉！死得其所矣！妾先走一步，大王再走不遲。」劉諶道：「你何必與我同死？」崔夫人道：「王死事父，妾

死事夫，理所當然。」言訖，觸柱而亡。劉諶抱住夫人的遺體，仰天哭告：「蒼天啊，你可看見，我劉氏一門，忠烈不絕！」劉諶慢慢將夫人的遺體放下，提劍去搜尋三個年幼的兒子。

其實，崔夫人觸柱而亡的慘烈場面，早已嚇壞她的三個孩子，他們為這突如其來的變故，感到恐懼而茫然。又見父王提劍尋來，個個躲在屏風後，戰慄不止。劉諶見了，也是一愣：「你們這是怎麼了？」三個十多歲的孩子跪地哭道：「母親已死，父王剛才說，先走一步，又是何意？」

劉諶道：「你們的爺爺已決意投降，我等不做辱沒先人的事，所以追先人於地下。」劉諶想了想又道：「父母不苟活於世，你兄弟三人年幼，無人照應，父王於心不忍，只得帶你等，一同去見先祖，休怪父王狠心。」說罷，舉劍刺向最面前的長子。長子一個躲閃，利劍直入幼子脖頸，劉諶抽劍一揮，斬下幼子的頭顱。

剩下的兩個兒子見狀，泣血成淚：「父王饒我一死！」劉諶哪裡聽得下，他瘋了一般，將利劍刺向兒子，不一會兒，三個兒子的頭顱，盡在手中。劉諶遂又割下夫人的頭，一併提至昭烈廟，把頭顱一字擺開，伏地而哭：「臣之肝膽，爺爺看見了嗎？孫兒不忍基業棄於他人，故殺妻滅子，以絕掛念，後將一命報答祖上！爺爺如在天有靈，孫兒之心當鑒！」大哭一場，趁一絲氣力，刎劍而亡。這忠於蜀國的最後一滴血，緩緩流向劉備的雕像，在雕像的腳前停下，血汪一片。

次日，劉禪率家眷及群臣六十餘人，面縛輿櫬，出北門十里跪降。何謂面縛輿櫬？就是投降的人，反綁著手面向勝利者，表示放棄抵抗。同時，把棺材裝在車上，自請受刑。這種古老的投降儀式，堪稱屈辱之極。但有什麼辦法呢？你既然選擇投降，就得設法保命。劉禪投降，也不過面縛輿櫬，東吳皇帝孫皓投降時，面縛輿櫬之外，加了個頭上塗泥。情知這傢伙做皇帝時，取樂的方式竟然是，剝人臉皮鑿人眼。一到投降，他比孫子還孫子。

魏軍打來，劉禪乖乖受降，而不是做無謂的抵抗。這樣既保住了自己，也使成都百姓免遭塗炭。亡命徒不會做這種選擇，他們只會把一城一國的無辜百姓，押上自己的戰車，讓百姓做自己的人肉盾牌，彷彿百姓只有為他們那個齷齪而無恥的政權去赴湯蹈火，才能體現所謂的正義、所謂的忠誠。一將功成萬骨枯，這萬骨之中，絕大多數是呆頭呆腦的士兵與百姓。劉禪的歷史貢獻是，他以投降的方式，救了自己，也救了一城的

百姓。劉禪到了洛陽，他樂不思蜀。這筆賬他是這麼算的，你既然都亡國了，再深沉思蜀又有什麼用呢？徒勞的人頭落地，並不能換取任何好處。索性樂不思蜀罷了。為此，劉禪被自以為是者嘲笑一千七百多年。

最後，讓我們來解讀一下劉禪的名。「禪」是一字兩音，讀shàn，乃指帝王把帝位讓給別人，如禪讓；讀chán，則來自梵語音譯，指屏除雜念，靜心領會佛理，如修禪。這就是說，「禪」字無論怎麼讀，附著在劉禪身上都是得當的。劉禪未經流血，就把位置讓了出來，這算不算另一意義上的禪讓？到了洛陽，樂不思蜀，也就是不再想著那徒勞無益、癡人說夢般的復國，安心當下，這算不算另一意義上的修禪？

註釋：

① 即老子李耳。

② 《雲南經濟信息報》二〇〇九年六月十九日載文，題曰：《曲靖七億再現七擒孟獲遺址》。

第五章
帝國的重建

圖片來源：維基百科／作者：玖巧仔

涼州
酒泉
張掖
西
匈
奴
西平
羌
金城
安定
狄道
新平
北地
隴西
廣魏
天水
五丈原
長安
雍州
右扶風
武都
陰平
漢中
魏興
氐
梓潼
巴西
汶山
成都
東廣漢
宕渠
巴東
新城
宜都
漢嘉
犍爲
巴
涪陵
南廣
越巂
益州
荊
朱提
牂柯
永昌
雲南
建寧
興古

恢復中原秩序

東漢末代皇帝劉協，在各路軍閥手裡倒來倒去，一直飄忽不定。軍事上，他無足輕重；政治上，他舉足輕重。軍閥們都看到劉協是一塊金字招牌，所以，爭相搶奪。看過蒙古人騎馬比賽嗎？其中一項就是，幾個賽手騎著馬，竭盡全力去爭奪一隻羊皮。成語鹿死誰手，也有這個意思。劉協就是董卓、李傕、郭汜、曹操、袁紹、袁術、孫策、劉備等人眼裡的那隻羊皮，那隻鹿。最終，劉協皇帝落入曹操手中，經過混戰，曹操逐漸強大。

之前的帝國首都洛陽破敗了，長安也破敗了。曹操決定遷都，帶上皇帝劉協，去了許昌。這裡介於鄭州與漯河之間，為河南腹地。我乘坐火車自雲南回山東老家，無數次往返過許昌，並不在意它的存在。今天寫起三國事，重新審視許昌，知道那是東漢帝國的最後一個首都，同時也是曹丕建國的地方。

曹丕能在許昌建立魏帝國，首先是他的老爸曹操在此重整破碎的河山。重建這件事，好說難做。再是政治強人，他也沒有《無敵破壞王》中阿修那樣的一把錘子，敲一下破碎的東西，複如從前。阿修那是動畫片裡的人物，無所不能。現實，你得一步一步去做。那麼，曹操具體是怎麼建立新的中原秩序的呢？這要從遷都說起。君臣到了許昌，曹操著重如下兩大安排：

基建

建宮室殿宇，立宗廟社稷；起各級行政機構辦公處所，造城廓府庫。這些基礎設施與類別建制，就這麼籠統一說。具體不贅。陳壽在《三國志》中說，董卓亂了天下後，皇帝劉協一直跟著不同的軍閥，東跑西顛。直到落腳許昌，「至是宗廟社稷制度始立」。

提醒讀者注意的是「宗廟社稷制度」這幾個字，宗廟就是帝王及諸侯祭祀祖先的地

方，沒有這麼個地方，現政權就沒有了根基與來源，因而也就缺乏合法性。現政權是否合法，宗廟是關鍵。

曹操在許昌重建的宗廟，是劉協的宗廟，當然也是漢劉帝國的宗廟。曹操之所以重建別人家的宗廟，因為曹操是這家宗廟下的一個臣子，沒有了漢劉宗廟，曹操的政治價值就會大打折扣。所以，曹操勢必予以維護。往上追溯，那漢劉宗廟之根，便是流氓起家的劉邦。流氓咋了？再流氓那也是漢朝四百年基業的正根。劉備就靠這個，騙得天下人團團轉。

再說社稷，是指帝王及諸侯所祭祀的土神（社）和穀神（稷），把這兩個神合在一塊，便稱作社稷。有土地、有飯吃的地方，就是一個國家的所在地。把地圈好，種上莊稼，並予以管理，這就是所謂的國。

劉氏宗廟社稷的重建，無異於對外宣言：自古以來，我們的祖先就統治著這塊土地，並依賴於她的哺育。董卓亂政，打碎宗廟，蹂躪國土。如今，一切從頭再來，把宗廟建起，把社稷理順。一個嶄新的時代，宣告來臨！

寫到這裡，使我想起毛澤東，一九四九年金秋，他在朱棣督造的天安門上，宣告其政權成立，還把他的巨幅畫像，掛在天安門樓正前方。一九七六年，毛澤東永別他親手締造的國。其繼任者，在天安門廣場，為他建造了一座現代化的墳塋。毛澤東的遺體，完好無損地靜靜地躺在那裡，以現代儲屍術，保證它在三十五噸天然水晶製成的棺材裡永垂不朽。這筆高昂的屍體防腐費，由納稅人年復一年的承擔。具體花費幾何，是國家機密，無從獲知。但我們知道另一個獨裁者金日成的遺體防腐費，每年耗資八十萬美元。

古代帝王的宗廟裡，陳列的是帝王們的畫像、牌位，而中共的宗廟裡，陳列的是毛澤東的遺體。毛澤東墳塋，即為中共宗廟。有了它，毛的後繼者們，便都有了合法性。這便是中國兩千多年來的宗法制，領導人由宗法制誕生，而非社稷所出。我們今天所說的社稷，實際包含了生活在這塊土地上的人民，包含了人民的自由意志與對未來的展望。但是，宗法制遏制自由，遏制人民當家做主（普選），遏制一切非分之想。曹操對漢帝國的重建，僅僅基於強權者的需要，人民？嗯哼，一邊去！

人事

基礎建設之外，便是人事安排。曹操為大將軍、武平侯；荀彧為侍中、尚書令；荀攸為軍師；郭嘉為司馬祭酒；劉曄為司空曹掾；毛玠、任峻為典農中郎將、催督錢糧使；程昱為東平相；范成、董昭為洛陽令；滿寵為許都令；夏侯惇、夏侯淵、曹仁、曹洪共為將軍；呂虔、李典、樂進、于禁、徐晃共為校尉；許褚、典韋共作都尉。其餘將士，各有拔擢安排。

在帝國的重建中，組織結構的演進，顯得尤為突出。弱小無力的蜀帝國與吳帝國，無法擔此大任。這件大活，須有魏帝國肩負。首先表現在政治體制上。自嬴政創立九卿以來，至東漢末年，不曾有所改變。到了曹丕稱帝，九卿制開始改變。曹丕皇帝把原本屬於九卿之一的少府（宮廷供應）之下屬部門尚書台（負責為皇帝收發文件），改為正式的行政部門，也就是尚書省，其工作人員為尚書（秘書），首長為尚書令（秘書長）。皇帝的秘書班子，演進為中央政府行政中樞，近似現在的國務院。尚書省下設若干曹（後來改稱部）。少府下屬單位之一的中書省（負責皇帝和皇宮庶務性工作），亦正式為中樞機構，負責政策籌畫，詔命頒佈等。可見，這些制度創新，以帝國政制為歸依。

在人才方面，漢朝由官員負責推舉。到魏帝國，改由政府專責，逐級呈報，逐級審核。最後，送尚書省，作為任免或升降的參照。官分九品，就是這個時候搞出來的。

某些方面，曹操與孔明有些相似之處，就是這二人在軍事方面，都不及行政方面有專長。曹操的專長，用來重建帝國，恢復行政活力。因為打下好的行政基礎，曹丕才不費吹灰之力，建立一個新的帝國。曹操怎麼做到這些的呢？有能力，還得臉皮厚。比如曹操可以做到自封，什麼大將軍、武平侯、魏公、魏王，他都敢自封。最後，在獻帝劉協那裡走個程序了事。

曹操的自立行為，當然被看作僭越，但不如此（手中無權），拿什麼來重建政府呢？秩序又何談恢復？放手讓劉協去幹嗎？有沒有能力先不說，曹操也不同意呀。只能曹操去做，因此，他勢必僭越，勢必擁有重建秩序所需的權力。

當然，僭越的過程，也並非一帆風順，因阻擋曹操稱公封王，荀彧與崔琰送命。

站在荀彧崔琰的角度，沒有什麼不當，甚至忠烈剛直；但站在現代人的角度，這二人不免迂腐。你認為曹操封個王就是僭越、就是篡漢，那麼當年的劉邦攻打秦帝國首都咸陽，那又是什麼？難道漢室江山不是劉邦僭越得來的嗎？劉邦可以僭越秦室而自立為漢中王，曹操又為什麼不可以僭越漢室自立為魏王？打江山坐江山式的惡性循環，誰的江山又是合法的？既然各朝各代的政治權力都是非法所得，又何來僭越？今朝之賊推翻前朝之賊，是賊與賊的關係，而非正義與非正義的關係。為臣者，你不是君的臣，而是賊的臣。我們不能說，一個人給那個賊做奴才就是忠臣，而不給這個賊做奴才就是奸臣。一句話，你無論在哪個賊首面前稱臣，都改不了助紂為虐、助賊為患這麼一個下三濫地位。所以，我向來不贊成忠臣與奸臣一說。

曹丕稱帝

二二〇年正月下旬的一天，病重的曹操，召心腹之人曹洪、陳群、賈詡、司馬懿至臥榻前，交待後事。曹操說：「我從事革命三十多年，統一了北方，惟江東孫權、西川劉備，未曾收復。看我現在的樣子，怕是無福看到國家統一的那一天了。」說完，哀歎不已。曹洪等不免軟聲勸慰，說丞相好生調理，必無大恙。

曹操歇息少許，略提了提氣，說：「你等不必寬我的心，自個的病，心裡有數。」遂細數幾個兒子的長短。說到曹植與曹丕時，言語頗深：「想必你等都知道，我平生所愛，曹植也。可是他為人虛華，少於誠實，且嗜酒不羈。看來，只能忍痛割愛了。惟長子曹丕，篤厚恭謹，才智兼全，可立也。今將曹丕託付於你四人，你等必以忠義之心，好好輔佐他，以圖長久之計，切勿怠慢。」曹洪等誓言輔佐曹丕，忠心不二，請曹操放

心。曹操微微一笑，欲言已無聲，遂氣絕而亡。曹操享年六十六歲。

未幾，獻帝劉協下詔，准曹丕接其父的班，什麼魏王、丞相、冀州州長，一個都不少。這是二二〇年初的事，到了十月，賈詡等大臣便開始擬議改天換地，推立新主。話說這天，賈詡、華歆、王朗、李伏、許芝，引文武官僚，直入內殿，來見獻帝劉協。華歆奏道：

魏王自登寶位以來，仁德越古超今。因此，群臣認為，漢室已名存實亡，伏望陛下效堯、舜之道，以山川社稷禪與魏王，上合天心，下合民意，則陛下安閒無憂矣！祖宗幸甚！生靈幸甚！臣等議決，故乃奏知。（〈廢獻帝曹丕篡漢〉）

劉協大驚，半晌無言。大殿內鴉雀無聲，劉協覷視百官，因不見聲援，遂痛哭流涕道：「這話怎麼說的？君臣一大早晤面，頭一件就是讓朕禪位。這霹靂大的，直不讓人活。卿等也都好好想想，身為漢臣，豈能逼宮？想我高祖，當年三尺長劍鬧革命，平秦滅楚，得有四百年天下，以至於今。朕雖不才，可也沒有什麼過惡，安忍將祖宗大業就這麼等閒棄之？你等百官不要再提此事，漢祚大事，開不得玩笑。」

漢劉皇室，每提及江山社稷，每提及祖先榮耀，必言劉邦「提三尺劍」云云。這往往使我想起今天的典故，如賀龍的一把菜刀鬧革命、如朱德的一根扁擔鬧革命。提革命傳統，必提一把菜刀、一根扁擔。這光宗耀祖的方法，從漢劉就開始了。漢劉最後一位皇帝劉協，在最後關頭，又拋出他老祖宗提三尺劍鬧革命的榮耀來。難道因為這個，你老劉家就世世代代，把這江山坐穿嗎？別的姓別的人就無權染指江山嗎？這也未免太想當然了。

賈詡等不可能有現代思想，更不可能從民主政治的角度，去跟劉協解釋，他們以那個時代獨有的視角，編了一套通用的瞎話，說自魏王即位以來，異象叢生，諸如麒麟降生、鳳凰來儀、黃龍出現、嘉禾瑞草、甘露下降等等。這些天象直指「魏當代漢」的旨趣，天意如此，命當如此，你就認了吧。許芝更是牽強附會，編了一套瞎話，大意如下：

臣等負責氣候與天象工作，夜觀天象，發現陛下之星隱匿不明。什麼意思？就是

在天上，快看不見你的星座了。這說明，漢朝氣數已盡。種種跡象表明，以魏代漢，天之道也。如預言書上所說：「鬼在邊，委相連；當代漢，無可言。言在東，午在西；兩日並光上下移。」這又是什麼意思呢？就是說，鬼在邊，委相連，乃「魏」字也；言在東，午在西，乃「許」字也；兩日並光上下移，乃「昌」字也。連在一起講，就是魏在許昌，應受漢禪也。以此而論，陛下可早禪位。願陛下察之。（〈廢獻帝曹丕篡漢〉）

這叫一個鬼扯！劉協不信，且加以駁斥：「什麼祥瑞預言，全是你等編出來的瞎話。以虛誕之事，而舍萬世不朽之基業，豈不貽笑大方。」華歆道：「陛下此言差矣。天下者，非一人之天下，乃天下人之天下，豈有一族一姓萬世不倒之理？所以，勸陛下早退為好，以免生變。」

書寫至此，不由得為華歆那句「天下者，非一人之天下，乃天下人之天下」叫好。然，一千七百多年後的今天，中國的一些官二代、紅二代（皆為貪X代），卻不懂這個，他們聲嘶力竭，公開叫嚷，不允許他人染指他們祖宗靠菜刀、扁擔打下來的天下。

仔細想來，這些菜刀後裔、扁擔後裔，與三尺劍後裔的世襲思想，幾無區別。

王朗接著華歆的話說：「自古以來，有興必有廢，有盛必有衰，豈有不亡之道？安有不敗之家？陛下漢朝相傳四百餘年，氣運已極，不可執迷不悟而惹禍端。」劉協自小嬌生慣養，自然做不到舌辯群臣，他最拿手的，便是嚎啕大哭，拂袖而去。快四十歲的人了，遇事還如此幼稚，也難怪百官背後笑他。

次日，百官再次於大殿聚集，令宦官請劉協到會。經歷昨天的逼宮與羞辱，可以想見，那劉協該是何等的沮喪。因怕失去帝位，他拒絕出席早間的中央辦公會。我們別忘了，劉協此時的皇后，為曹丕的妹妹。曹皇后見宦官相請，劉協坐在那裡，一動不動，遂問：「今天百官請陛下設朝問政，何以推辭不就？」劉協哭道：「昨兒的事，沒臉告訴你，還不是你那寶貝哥哥要奪朕之位。看來，他們是不到黃河心不死呀。」

曹皇后聞言大怒：「你竟然說俺哥哥為篡國之賊，那麼你的高祖又算個什麼東西？不就是沛縣的一個酒瘋子嗎？一個潑皮無賴，尚且劫奪秦朝天下。俺哥哥乃當世的顯達政要，要功有功，要才有才，如何就當不得皇帝？你也不想想，若非俺爹爹俺哥哥俺一家人保你，你如何在皇帝的位置上，一坐就是三十多年？沒有俺曹家的庇護，你早死到

哪裡去了！」

劉協不再執拗，遂至大殿聽政。華歆出班奏道：「昨天臣等所議，陛下以為如何？」劉協哭道：「卿等皆食漢祿久矣，眾臣之中，多為漢朝功臣子孫，何無一人與聯分憂？」華歆道：「陛下的意思就是拒絕禪讓了？如此，倘有個三長兩短，莫怪為臣者不能盡職盡忠。」

劉協大吃一驚：「你什麼意思？若不禪讓，難道有誰敢弒朕不成？」華歆道：「天下之人，皆知陛下無人君之福，以致四海大亂。若非魏王在朝，弒陛下者，塞滿公庭！」劉協辯道：「聯自即位以來，三十多年，兢兢業業，不曾有半點非禮之事，天下之人，誰忍加害？」

華歆大怒，厲聲道：「陛下無德無福，而居大位，甚於殘暴之君！」劉協大驚，拂袖而起。王朗給華歆使個眼色，華歆縱步向前，扯住龍袍，聲嘶力竭道：「許與不許，從與不從，陛下說句痛快話！」劉協嘴唇青紫，戰慄不能答。

僵持之際，忽有曹洪、曹休二人，帶領數百全副武裝的士兵，湧入大殿。曹洪厲聲問道：「符寶郎在哪裡？」祖弼答道：「符寶郎在此！」曹洪拔劍相向，索要玉璽。祖弼叱之道：「玉璽乃天子之寶，怎能隨便於人。」曹洪令武士，將祖弼推出去，一刀砍了。

劉協見狀，隨即癱坐在地，暗之自責：「祖宗天下，不幸毀在朕手裡！」遂泣告群臣：「朕願將天下禪與魏王，以免流血。」賈詡道：「臣等安敢傷害陛下？陛下可急降詔書，以安人心。」

劉協一邊哭，一邊令桓階、陳群起草禪讓詔書。很快，詔書完畢，劉協又令華歆，齎詔捧璽，引百官直至魏王宮獻納。曹丕大喜，欲受之。司馬懿諫道：「王上不可輕也。雖然詔璽已至，可上表謙辭，以絕天下人之謗也。」曹丕納諫如流，令王朗去辦。這類拙劣的表演，我們雖然見多了，但每次見，仍不免作嘔。王朗等入朝，把虛詞謙讓的報告呈上。其報告說：

> 臣丕頓首受詔，伏惟陛下以垂世之詔，禪無功之臣，使臣聞知，肝膽摧裂，不知所措。竊以堯遜大位於賢，巢、由避跡，後世稱之。臣才鮮德薄，安敢奉命？請於盛世別求大賢，以禮讓之，則免萬年之議論也。臣謹納還璽綬，待死闕下。臣

不勝惶怖戰慄之至！謹表。（〈廢獻帝曹丕篡漢〉）

劉協覽畢，甚是驚疑，回顧群臣道：「魏王謙遜，這可怎麼辦？」華歆奏道：「陛下想不想學唐堯？」劉協道：「什麼意思？」華歆道：「五帝之一的唐堯，禪位於舜，舜堅辭不受，堯遂將二女娥皇、女英嫁給舜，後世稱之為大聖之德。今陛下亦有兩位公主，何不效唐堯以妻魏王？」劉協不得已，複令桓階草詔，令張音持節奉璽，並載二位公主，徑入魏王宮。劉協就這麼把兩個閨女草草嫁了出去。

曹丕欣喜，暗與賈詡道：「雖二次有詔，仍怕留下篡逆之名，怎麼辦？」賈詡道：「此事極易，可再命張音齎回璽綬，卻教華歆令漢帝築一台，名受禪台，擇吉日良辰，集大小公卿、四夷八方之人，盡到台下，令天子親捧璽綬，禪天下與王，可以絕智者之口也。」曹丕恩准，劉協配合。

禪讓當天，獻帝劉協請魏王曹丕登臺，受禪台下集大小官僚四百餘人，御林軍三十多萬。劉協將象徵皇權的玉璽，捧給曹丕。隨之，台下群臣，跪倒一片，靜聽禪讓書，類似任免文件。再後，魏王曹丕，即受八般大禮，登上帝位。曹丕遂以皇帝的身分，封劉協為山陽公。曹丕特別恩准：劉協可以繼續使用漢朝曆法；可以用天子的禮儀舉行郊祭活動；給曹丕上書，不用自稱臣子。曹丕另封劉協的四個兒子為列侯。

劉協含淚拜謝，上馬往山陽（今河南焦作東）方向而去。隨行的宮眷，個個如喪考妣。劉協騎在馬上，頻頻回顧皇宮，不覺已是淚濕前襟。

曹丕登基，為大魏皇帝，三國時代，由此開啟。

血歷史76　PC0649

新銳文創
INDEPENDENT & UNIQUE

非典型三國

作　　者　魏得勝
責任編輯　杜國維
圖文排版　周政緯
封面設計　葉力安

出版策劃　新銳文創
發 行 人　宋政坤
法律顧問　毛國樑　律師
製作發行　秀威資訊科技股份有限公司
114 台北市內湖區瑞光路76巷65號1樓
電話：+886-2-2796-3638　傳真：+886-2-2796-1377
服務信箱：service@showwe.com.tw
http://www.showwe.com.tw
郵政劃撥　19563868　戶名：秀威資訊科技股份有限公司
展售門市　國家書店【松江門市】
104 台北市中山區松江路209號1樓
電話：+886-2-2518-0207　傳真：+886-2-2518-0778
網路訂購　秀威網路書店：http://www.bodbooks.com.tw
國家網路書店：http://www.govbooks.com.tw

出版日期　2017年4月　BOD一版
定　　價　350元

Printed in Taiwan

國家圖書館出版品預行編目

非典型三國 / 魏得勝著. – 一版. -- 臺北市 :
新銳文創, 2017.04
面;　公分. -- (血歷史 ; 76)
ISBN 978-986-5716-92-9(平裝)

1. 三國史 2. 通俗史話

622.3　　106003735

讀者回函卡

感謝您購買本書，為提升服務品質，請填妥以下資料，將讀者回函卡直接寄回或傳真本公司，收到您的寶貴意見後，我們會收藏記錄及檢討，謝謝！如您需要了解本公司最新出版書目、購書優惠或企劃活動，歡迎您上網查詢或下載相關資料：http:// www.showwe.com.tw

您購買的書名：________________________

出生日期：________年________月________日

學歷：□高中（含）以下　□大專　□研究所（含）以上

職業：□製造業　□金融業　□資訊業　□軍警　□傳播業　□自由業
□服務業　□公務員　□教職　□學生　□家管　□其它_____

購書地點：□網路書店　□實體書店　□書展　□郵購　□贈閱　□其他

您從何得知本書的消息？

□網路書店　□實體書店　□網路搜尋　□電子報　□書訊　□雜誌
□傳播媒體　□親友推薦　□網站推薦　□部落格　□其他__________

您對本書的評價：（請填代號　1.非常滿意　2.滿意　3.尚可　4.再改進）

封面設計____　版面編排____　內容____　文／譯筆____　價格____

讀完書後您覺得：

□很有收穫　□有收穫　□收穫不多　□沒收穫

對我們的建議：________________________

____

____

____

請貼
郵票

11466
台北市內湖區瑞光路 76 巷 65 號 1 樓
秀威資訊科技股份有限公司 收
BOD 數位出版事業部

……………………………………………………………………

（請沿線對折寄回，謝謝！）

姓　　名：＿＿＿＿＿＿＿＿＿＿　年齡：＿＿＿＿　性別：□女　□男

郵遞區號：□□□□□

地　　址：＿＿＿＿＿＿＿＿＿＿＿＿＿＿＿＿＿＿＿＿＿＿＿＿

聯絡電話：(日) ＿＿＿＿＿＿＿＿＿＿＿＿ (夜) ＿＿＿＿＿＿＿＿＿＿＿＿

E-mail：＿＿＿＿＿＿＿＿＿＿＿＿＿＿＿＿＿＿＿＿＿＿＿＿